Développer son intuition

Dans la même collection :

- *Examens : en forme le jour J*, Jean-Marc Bayle
- *Réfléchir vite et bien*, Edward de Bono
- *Mieux vivre avec l'analyse transactionnelle*, Alain Cardon
- *Sortir des conflits avec les autres*, Christophe Carré
- *La PNL*, Catherine Cudicio
- *Avoir une sexualité épanouie*, Catherine Cudicio
- *Le coaching pour mieux vivre*, Catherine Cudicio
- *Mieux connaître sa personnalité*, Jean-François Decker
- *Petit guide de la retraite heureuse*, Marie-Paule Dessaint
- *La graphologie pour mieux se connaître*, Marylène Estier et Nathalie Rabaud
- *Savoir et oser dire Non*, Sarah Famery
- *Etre soi sans culpabiliser*, Sarah Famery
- *Avoir confiance en soi*, Sarah Famery
- *Se libérer de ses peurs*, Sarah Famery
- *Proverbes psy pour mieux vivre*, Ysidro Fernandez
- *Slow down*, John Hapax
- *Mieux vivre avec ses émotions*, Didier Hauvette
- *La Gestalt-thérapie expliquée à tous*, Chantal Higy-Lang et Charles Gellman
- *Découvrir la musicothérapie*, Edith Lecourt
- *Oser s'exprimer*, Guyette Lyr
- *Couple : où en êtes-vous ?*, Catherine Olivier
- *Manipulation : ne vous laissez plus faire !*, Jacques Regard
- *Comprendre la crise d'adolescence*, Françoise Rougeul
- *La psychogénéalogie expliquée à tous*, Isabelle de Roux et Karine Segart
- *Les troubles du comportement alimentaire*, Laëtitia Sirolli

Claude Darche

Développer son intuition

EYROLLES

Éditions Eyrolles
61, Bd Saint-Germain
75240 Paris Cedex 05
www.editions-eyrolles.com

Mise en pages : Istria

Site de l'auteur : http://www.claude-darche.com
Pour tous les renseignements concernant coaching, stages, consultations, évaluations (entreprises et particuliers), vous pouvez joindre Claude Darche au 01 64 07 67 56 ou par mail : claude.darche@orange.fr

ISBN 978-2-212-54258-5

Sommaire

Avant-propos

Depuis plus de vingt ans, je vis en bonne intelligence avec mon intuition. Je la pratique au quotidien, elle embellit et enrichit ma vie de bonheurs, de rencontres, de projets, de livres. J'étais une petite fille timorée et timide de par mon milieu social et mon éducation. Je suis devenue une femme décidée, créative, imaginative, qui ose et a de l'audace. J'étais professeur de français. Je suis devenue tarologue, coach, thérapeute, écrivain, et j'aime toutes les multiples activités que j'ai. Mieux, je voudrais encore les étoffer en écrivant des chansons, des scénarios, en ayant des idées pour la télé, le cinéma, en donnant ce que j'ai de meilleur et de novateur. J'ai tout simplement suivi mon intuition et l'ai mise en acte, sans me préoccuper de ce que les autres en pensaient. Je me suis écoutée et je me suis fait confiance.

Nous avons tous des flashs, des intuitions, le sentiment irrésistible que nous devons faire telle ou telle chose même si nous ne savons pas très bien pourquoi. N'avez-vous jamais senti une impulsion irrésistible pour vous lancer dans tel projet, prendre rendez-vous avec telle personne, téléphoner à telle autre qui, vous en étiez sûr, allait pouvoir vous aider ou répondre à votre demande ? Cette intuition est simple, légère, fluide, presque aérienne, impalpable et pourtant évidente. J'ai fait de multiples recherches sur le sujet et je suis convaincue aujourd'hui que nous sommes tous intuitifs – plus ou moins bien sûr – et, mieux, que nous avons une intelligence intuitive, tout comme nous avons une intelligence émotionnelle. L'intelligence intuitive se met en route dès que le rationnel fait défaut, dès que toutes les analyses, l'aspect logique des situations, des événements, des êtres, ne trouve pas la « bonne » solution.

J'ai animé des stages en entreprise pour apprendre aux leaders et aux cadres supérieurs à découvrir, puis à libérer leur intuition. Durant ces stages ludiques, créatifs et joyeux, tout le monde découvre, souvent avec étonnement, que le phénomène intuitif se trouve au sein même de l'entreprise, qu'il contribue à la prise de décision, au recrutement et qu'enfin il est essentiel pour anticiper et développer une vision stimulante et créatrice de projets pour l'entreprise.

Après les intelligences multiples de Howard Gardner, après les travaux de Halovey et Mayer sur l'intelligence émotionnelle, médiatisés par Daniel Coleman, dont les livres sont des best-sellers, il est temps de parler vrai et d'oser appeler un chat, un chat. Oui, nous possédons une intelligence intuitive qui donne à chacun de nous une tonalité particulière, celle d'incliner notre vie, nos décisions, nos projets, dans un sens ou dans un autre. Ne vous est-il jamais arrivé de vous dire : « Oui, c'est exactement cela que je dois faire » ? D'un coup, de sentir une situation, et de la régler, d'avoir une attraction irrésistible vers un lieu, un espace, une ville, un pays et d'y trouver des solutions inédites, ou bien de sentir que vous devez appeler telle personne, que vous devez aller à l'encontre de ce que l'on vous dit et faire exactement ce que vous dicte votre intelligence intuitive. Celle-ci, à ce moment-là, se manifeste comme une sorte **d'élan heureux.** À l'inverse, vous avez pu sentir comme un fourmillement dans les jambes, un instinct, là, au creux du ventre ou encore dans votre cerveau, une sorte de signal d'alarme que l'on peut appeler **le sentiment du danger.** Il vous fait comprendre que si vous dites oui à ce garçon qui a pourtant l'air bien gentil, rien ne va plus aller, ou que cette proposition raisonnable, attrayante, vous conduit en fait vers un chemin sans issue ? Les Américains parlent de *hunch*. Il s'agit du flair, de sensations fortes, d'un émotionnel qui se libère. Pour ma part, je suis convaincue que nous retrouvons notre instinct primitif, notre instinct premier, plus ou moins développé en chacun d'entre nous. Tel un animal, notre cerveau se branche immédiatement sur une connexion qui s'appelle l'intelligence intuitive. C'est à ce moment-là, dans les trois ou dix secondes qui suivent, qu'on trouve une solution qui nous convient, une solution qui résout le problème ou permet de l'envisager différemment.

Face aux situations nouvelles ou déconcertantes, aux événements, aux rencontres, aux projets, aux désirs, à l'imaginaire, brusquement, l'intelligence intuitive se met en marche et nous offre une solution qui nous est personnelle. Elle est adaptée à notre existence, au tournant qu'elle doit prendre, au retrait que nous devons effectuer ou encore au renoncement qui nous sera bénéfique.

Si tout le monde sait que l'intuition et l'intelligence intuitive sont sources d'enrichissement personnel, pratiquement personne n'en parle, par peur d'être considéré comme non sérieux, non professionnel surtout dans l'entreprise. Pour certains, dire qu'il existe une intelligence intuitive relève de la pure folie. Pourtant, dans une étude américaine menée au *New York College of Engineering*, sur une période de dix ans auprès de 5 000 dirigeants, on découvre qu'environ 80 % des cadres supérieurs interrogés ont fait l'expérience de l'intuition. Ils appellent ces phénomènes des « expériences extrasensorielles », sans doute par crainte du mot et plus encore de ce que cela implique dans leur fonctionnement.

Est-il raisonnable et rationnel de se priver d'une partie importante de ses ressources individuelles et collectives au moment où il est nécessaire de mobiliser l'ensemble des richesses humaines pour réussir la trans-formation de l'être, des entreprises et du monde ? Humberto Maturana et Francisco Varela, deux neuroscientifiques chiliens, expliquent bien, après l'approche taoïste, que le monde que nous voyons est *un* monde et non *le* monde. Ce que nous appelons connaissance n'est pas la représentation objective et rationnelle d'un monde fixe mais la manifestation d'un monde fluctuant selon notre perception et à travers les capteurs d'informations que sont nos cinq sens. Dans l'univers, tous les aspects de la vie, tous niveaux confondus, matière et esprit, sont inséparablement connectés les uns aux autres et s'influencent en permanence. Nous faisons partie d'un grand tout, comme l'affirment aujourd'hui les physiciens quantiques, qui nous parlent non plus d'un monde solide mais d'un monde composé d'une énergie du vide extrêmement puissante, de particules flottantes, d'un monde qui, pour le moment, paraît incohérent.

Nous avons tout intérêt à nous écouter en profondeur, à retrouver notre voix intérieure qui nous conduira sur la voie qui nous est propre, notre chemin. C'est la même chose dans le monde de l'entreprise : les managers, les leaders qui deviendront intuitifs deviendront par voie de conséquence créatifs et innovants.

Hier soir, j'ai écouté Laura Flessel, championne olympique de fleuret. Elle disait que ce n'était pas l'expérience qui comptait le plus pour être la meilleure dans son sport, mais l'expérience qui menait à l'intuition, à la fluidité juste, celle qui fait jaillir le geste comme une injonction légitime. Avoir l'attitude juste dans une compétition, assurait-elle, c'est se servir de son intuition et se faire confiance.

C'est en suivant notre intuition, notre inclinaison la plus juste, que nous n'oublierons pas nos rêves, nos idéaux et ferons tout pour qu'ils deviennent réalité. Ouvrons nos yeux à ce que nous sommes en profondeur, à ce que nous voulons vivre et devenir. Ainsi, vous deviendrez auteur et créateur de votre existence, vous développerez une vision que vous réaliserez parce que vous aurez compris que cette vision n'est pas une fiction, juste un appel à vivre du mieux que vous le pouvez et avec toutes les capacités que vous avez. L'intuition et la créativité s'expriment dans la joie, la bonne humeur, la détente, la passion et la confiance. Pour que votre intelligence intuitive se mette en route, devenez des passionnés de votre existence, de votre vie, de vos buts, de ceux que vous n'avez pas encore trouvés. Battez-vous pour trouver des projets, ouvrez-vous à la diversité, acceptez l'ambiguïté, ayez de l'audace, risquez, car rappelez-vous : dans la vie, le risque le plus grand est de ne pas en prendre. Alors n'hésitez plus, ajoutez de l'intuition à votre vie !

Introduction

■ L'intuition, le plus vieux mode de fonctionnement de l'homme

L'intuition est le plus vieux mode de fonctionnement de la psyché humaine et le mode de connaissance le plus naturel pour l'homme. Dans les premiers temps, l'intuition fut la meilleure arme de l'homme pour appréhender le monde qui l'entourait. Elle lui a montré comment se nourrir lorsqu'il avait faim, comment se protéger lorsqu'il avait froid ou qu'il était en danger, comment se soigner lorsqu'il était malade. Alors ne cherchons pas de mot de substitution, parlons d'intelligence intuitive dès le début de ce livre et nous parlerons vrai. Aujourd'hui, il en est toujours ainsi, que cela nous choque, nous convienne ou nous interroge, même si les besoins et les nécessités ne sont plus les mêmes. Et tant mieux pour le processus intuitif qui ne donne son maximum que dans les situations de haute complexité.

Si nous leur permettons de se développer en nous, nous avons tous et toutes des intuitions, des sensations diffuses bien qu'étonnamment précises. Il y a des intuitions immédiatement vérifiables : l'intuition de recevoir un appel téléphonique, des nouvelles, ou le sentiment puissant, voire irrésistible, que l'on doit contacter telle personne, faire telle démarche, développer telle idée, qu'il y a là quelque chose à creuser, même si on ne sait pas très bien encore quoi, ni comment !

■ Mitchell

Un exemple célèbre est celui de Mitchell, le sixième homme à poser le pied sur le sol lunaire. De ce poste d'observation unique et mythique, il contempla notre planète, l'orange bleue dont parle le poète Paul Eluard. C'est là qu'il comprit que tous les maux de la société et de l'homme seraient incurables si l'être humain s'en tenait à une stricte approche analytique des choses. Aujourd'hui encore il parle de ce mystérieux processus intuitif et créatif qui est au-delà de notre conscience et qui est à notre disposition pour nous aider à résoudre les problèmes les plus épineux.

L'aptitude à déchiffrer ces signaux forts et cependant imperceptibles vient de très anciens fonctionnements du cerveau. Les régions qui abritent ces réactions instinctives sont beaucoup plus anciennes que le néocortex qui s'occupe de la pensée rationnelle. Personne actuellement ne peut réellement dire où se trouve le siège de l'intelligence intuitive. Et d'ailleurs, est-elle vraiment localisée ? Ne serait-elle pas plutôt un capteur d'informations de l'inconscient **qui rassemble ce qui jusque-là était épars**, c'est-à-dire un maximum d'informations à une vitesse hallucinante, et qui fait que, au bout de quelques instants, nous avons une solution adaptée à notre problématique ?

Lors de la préparation d'un vol lunaire, explique Mitchell, « nous consacrions dix pour cent de notre temps à étudier le programme de la mission et quatre-vingt-dix pour cent à apprendre comment réagir intuitivement à tous les *et si* éventuellement susceptibles de se poser. » Se fier aux réactions intuitives était, soutient-il, la part la plus importante de son entraînement d'astronaute. Mitchell a suivi son intuition jusqu'au bout puisqu'il a fondé à Sausalito en Californie un institut dont l'objectif est d'aider l'homme à développer sa capacité de prendre intuitivement des décisions.

■ Bergson

Bergson fut, lui aussi, un ardent défenseur de l'intuition et fit pratiquement scandale en osant déclarer :

« Toute connaissance intellectuelle est discriminative, elle sépare un élément d'un autre, un état d'un autre état, et la langue – aussi précise soit-elle – ne fait qu'augmenter cette division qui, à la limite, devient de l'atomisme mental. Or, les états de conscience sont fluides, s'interpénètrent plus qu'ils ne se succèdent ; ils ont une qualité inexprimable : la durée, qualité pure, progrès saisi dans sa progression : si donc, on veut atteindre l'intimité du moi – ce qui est le but de la philosophie – il faut renoncer à le connaître par la pensée rationnelle, qui découpe et mutile, pour l'appréhender dans ses données immédiates par une faculté immédiate : l'intuition[1]. »

Selon le docteur Keith Harary, professeur à l'*Institute for Advanced Psychology*, jusqu'à 4 ans, l'enfant a d'extraordinaires facultés de clairvoyance et d'intuition. Elles sont parfaitement naturelles. Mais lorsqu'il commence à exprimer ses propres perceptions du monde, il comprend très vite que toutes celles qui n'entrent pas dans le cadre normal de la dynamique familiale ne sont pas les bienvenues. C'est ainsi que peu à peu l'auto-censure se met en place et que ces perceptions se dissolvent.

« Adultes, précise le docteur Harary, nos désirs et nos peurs nous empêchent de voir ces choses-là. Un bruit mental permanent vient faire barrage à nos facultés de télépathie, de clairvoyance, de prémonition ou d'intuition, qui sont des impressions rapides et flottantes. Lorsqu'une personne, par accident, voit un événement qui arrive réellement quelques jours plus tard, elle prend peur et souhaite ne plus revivre une expérience aussi traumatisante, parce que finalement, elle a peur de son propre psychisme[2]. »

■ En quoi cela peut-il nous faire peur ?

La technicité poussée à son plus haut point, les ordinateurs incapables de régler les problèmes humains élémentaires, le manque d'harmonie du monde, les guerres, la complexité de plus en plus grande de l'envi-

1. Henri Bergson, *L'Évolution créatrice*, PUF, 1941.
2. Keith Harary, *The Mind Race, Comprendre et Utiliser les capacités psychiques*, New York : Villard Books, 1984.

ronnement ne devraient-ils pas être nos plus grands facteurs de peur ? La complexité du monde ne nous renvoie-t-elle pas à notre propre complexité intérieure et n'est-ce pas là notre plus grande peur ?

L'être humain est branché sur deux modes de pensée : une pensée rationnelle, logique et analytique, et une pensée irrationnelle, inconsciente et intuitive. L'esprit, lui, fonctionne comme un tout, parfois principalement sur le mode rationnel, parfois surtout sur le mode intuitif, mais aucune de ses composantes n'est jamais complètement débranchée. Opposer rationnel et irrationnel serait aussi absurde que d'opposer la lune et le soleil, le jour et la nuit, le masculin et le féminin, le Yin et le Yang ! Au contraire, permettons à ces deux fonctions de communiquer librement, pour être en mesure d'avoir **une vie pleine**, c'est-à-dire d'être nous-même, ouvert et créatif, en devenir permanent tout comme l'univers.

Si l'intuition nous permet de nous reconnecter à la source profonde de notre être, elle nous reconnecte aussi à la source de l'univers et nous rappelle que la séparation n'existe pas autrement que comme concept dans notre conscience ordinaire. L'intuition nous fait percevoir bien davantage sur nous-même, notre environnement et nos relations que nous ne pouvons le faire avec l'analyse rationnelle : elle est capable de percevoir la vérité sous-jacente dans une situation donnée.

Pas une solution mais plusieurs

L'intuition est aussi une aide précieuse pour la prise de décision. Ainsi, dans la réalité de tous les jours, il n'y a pas une solution mais plusieurs, chacune avec son intérêt et un raisonnement logique pour la justifier. Ce qui fera la différence entre une bonne ou une mauvaise décision, ce sera l'énergie mise en jeu, l'engagement affectif et intuitif. Prendre une bonne décision, c'est bien sûr raisonner, mais aussi sentir, être à l'écoute de ce que le corps manifeste face à ce choix. En apprenant à s'écouter dans son mental, dans son corps et dans son esprit, l'homme libérera la source jaillissante de son être. Chacun peut le faire, chacun a en lui cette possibilité ! L'intuition est une capacité inhérente au cerveau humain, une fonction de l'esprit qui travaille de manière parfaitement naturelle si on lui permet de se développer. Seulement, la plupart d'entre nous ne le lui permettent pas, étant simplement entraînés à utiliser notre faculté rationnelle, logique.

L'intuition est également la voie de la spiritualité, le pont qui nous fait franchir le fleuve, entrevoir l'invisible, l'inconnu, que nous portons en nous sans même en avoir conscience. De cela aussi il faut parler, sans craindre quoi que ce soit. L'être humain possède une dimension spirituelle et sacrée, c'est un être relié, le nier est inutile.

Phénomène de maturation intérieure

L'intelligence intuitive rassemble ce qui est épars pour donner le meilleur à chacun. C'est une sagesse, une sagesse que nous avons tous à portée de notre main, à portée de notre vie. Elle est difficile à trouver pour certains êtres parce qu'elle ne s'impose pas immédiatement. Elle est flottante et se manifeste de façon imprévisible, du moins au tout début. Rencontrer son intelligence intuitive, c'est s'arrêter sur ce moment flottant, incertain, qui est en train de se manifester, c'est faire un effort d'attention, d'écoute extrême de soi-même, c'est prendre une pause nécessaire et se dire : « Là, je fais attention à ce qui est en train d'émaner de moi. » L'intuition est un phénomène de maturation intérieure qui peut advenir très rapidement ou très lentement. Tout dépend de la situation. C'est une activité privilégiée de l'être humain, lors de laquelle il réapprend la confiance, la merveilleuse confiance en lui-même.

Croire en soi, tout simplement, penser que ce que l'on dit est important, dans le sens où cela correspond à la vérité du moment ou à des réponses trouvées dans le temps de l'existence... Cela implique des changements, des virages, des renoncements et surtout du nouveau, une autre vision des choses, de son travail, de sa vie, etc.

Pourquoi continuer à vivre dans son ancien mode de fonctionnement alors que l'élan vital nous appelle et nous invite à continuer notre vie dans une autre direction ou avec un autre mode de fonctionnement ?

Seule l'intelligence intuitive rend l'homme capable de trouver son génie propre. Le génie propre de chaque individu, c'est d'être capable d'apporter au monde ce trait bien particulier qui fait qu'il ne ressemble à aucun autre être. Laissons s'exprimer notre intelligence intuitive, découvrons-la, ou redécouvrons-la, donnons-lui de l'espace et élargissons ainsi le champ de nos possibles.

■ Tenons compte de cette sagesse à l'intérieur de nous, traduisons-la en actes !

Mettons en mouvement une dynamique de créativité, ce qui ne manquera pas de donner un élan régénérateur à nos existences, et par là même à notre époque et à notre société.

Chapitre 1

Les privilégiés de l'intuition

Ils se servent de leur intelligence intuitive depuis toujours, ce sont des privilégiés !

« Tourne sans délai ton regard vers l'intérieur. Là se trouve le centre dont nul noble cœur ne peut douter. Nulle erreur n'est possible, car la conscience autonome illumine désormais ta vie quotidienne. »

Goethe, *Le Serpent Vert*[1].

Une définition ?

Qu'est-ce que l'intuition ? Quelle est cette faculté merveilleuse dont vous nous parlez, diront les esprits sceptiques et chagrins ? Difficile de définir l'impalpable et, d'ailleurs, doit-on le définir ? Pourquoi à tout prix vouloir cerner, analyser les choses qui, par nature, sont dites « illimitées » ? Propension de l'esprit humain à se rassurer, à s'approprier les mots, les choses, les êtres en croyant que l'on en est maître !

Voici ce que nous dit *Le Littré* :

« Intuition : connaissance soudaine, spontanée, indubitable, comme celle que la vie nous donne de la lumière et des formes sensibles et, par conséquent, indépendante de toute démonstration. »

1. Goethe, *Le Serpent Vert*, traduit de l'allemand et commenté par Oswald Wirth, Dervy, 1999.

Plotin, philosophe grec du IIe siècle, dit de son côté :

> « *L'intuition est la connaissance absolue fondée sur l'identité de l'esprit avec l'objet qu'il connaît*[1]. »

Intuition vient de *intuitio* en latin : de *in* (en, dans) et *tueri* (contempler, regarder avec attention).

L'intuition est donc l'acte de **regarder avec attention à l'intérieur de soi** ou une **forme supérieure d'attention par le regard intérieur**. Le regard ne se tourne plus vers l'extérieur et son mouvement incessant, mais vers l'intérieur de l'être, son silence, sa plénitude et sa profondeur. Il y a regard mais aussi écoute, mots qui jaillissent de l'inconscient et de ses forces mystérieuses.

On peut dire également que l'intelligence intuitive est **l'expression de la sagesse universelle inhérente à tout être humain.**

Lorsque votre intelligence intuitive se met en marche et lorsqu'elle aboutit à un résultat très positif, on considère que c'est un miracle : c'est vraiment génial, c'est super ! Vous ressentez alors une vraie grande joie, vous dites « Houra » et vous invitez tout le monde, vos associés, vos collaborateurs, vos amis, votre compagne, votre compagnon, vos enfants à fêter cela ! C'est tout simplement de la joie pure, de la joie profonde d'avoir trouvé *votre* solution.

Heureux les intuitifs !

Un jour ou l'autre, nous nous servons tous de notre intuition. Plus ou moins bien, plus ou moins facilement, mais le fait est là ! L'intelligence intuitive se manifeste et plus rien ne peut l'arrêter, nous le comprenons très vite, et nous la sollicitons de plus en plus. Il y a cependant ceux que j'appelle les « privilégiés » de l'intuition, ceux qui, régulièrement, s'en servent, l'expérimentent et savent qu'elle est indispensable à leurs découvertes. Ce sont tous des créatifs, même si leurs activités se développent dans des secteurs très différents.

1. Plotin, *Les Traités*, Livre 1, Flammarion, 2002.

L'intelligence intuitive au service des grandes découvertes

Tous les scientifiques ou presque le reconnaissent : sans intuition, sans éclair soudain qui illumine la pensée rationnelle, point de grandes découvertes, point de recherches qui aboutissent ! Le plus bel exemple nous a été donné, il y a maintenant de nombreux siècles, par Archimède.

■ Une illumination dans un bain

Archimède, plongé dans un bain délicieusement parfumé, réfléchissait à la question que lui avait posée Hiéron II, roi de Syracuse : sa couronne était-elle faite d'or ou d'un alliage d'or et d'argent ? Archimède se creusait la tête depuis de nombreux jours lorsque soudain il eut une véritable révélation : en observant l'eau qui débordait de sa baignoire, le savant grec réalisa que, puisque la densité de l'or est supérieure à celle de l'argent, un volume donné de métal jaune déplacerait moins de liquide. Enthousiasmé par sa propre découverte, il sortit tout nu dans la rue en s'écriant : *Eurêka* (j'ai trouvé !). Il fit alors à Hiéron la démonstration que sa couronne déplaçait une plus grande quantité d'eau qu'une masse d'argent d'un poids égal, preuve qu'il s'agissait d'un alliage bimétallique.

■ Des aperçus soudains dans des endroits improbables

De nombreuses citations vont émailler ce chapitre, citations qui sont indispensables et démontrent mieux que tout autre procédé l'authenticité de l'intelligence intuitive.

Fritjov Capra, physicien à Berkeley et auteur du *Tao de la physique*, analyse très bien le phénomène :

> *« La connaissance et les activités rationnelles constituent certainement la majeure partie de la recherche scientifique mais non pas le tout. La part rationnelle de la recherche serait, de fait, vaine si elle n'était complétée par l'intuition qui donne aux scientifiques de nouveaux aperçus et les rend créatifs. Ces aperçus sont soudains et, d'une manière caractéristique, surviennent non pas lorsqu'on est assis à une*

table de travail, à résoudre des équations, mais lorsqu'on se détend dans son bain, durant une promenade en forêt, sur la plage, etc. Durant ces périodes de relaxation après une activité intellectuelle concentrée, l'intuition semble prendre la relève et peut produire l'aperçu lumineux et soudain qui procure tant de joie et de délices au chercheur[1]. »

Combien de chercheurs font le même constat, tel François Jacob, déclarant que ses « découvertes » étaient venues à sa conscience dans des endroits tout à fait surprenants comme une salle de cinéma ou de concert ! À ce moment, l'individu se trouve dans une activité relaxante, agréable, qui lui fait plaisir, et c'est ce facteur plaisir qui aide à la mise en action de l'intelligence intuitive, surtout quand il s'agit d'une recherche extrême, comme celle d'un scientifique, une recherche où l'intelligence intuitive a besoin, pour trouver la solution, de rassembler ce qui est épars dans le temps et la durée, parce qu'il y a une multitude d'informations, de rapports et de connexions à établir et à mettre en rapport les unes avec les autres.

■ Affuter ses facultés d'observation

Un des hommes les plus géniaux, mais aussi l'un des plus intuitifs, est à coup sûr Léonard de Vinci. Lors de la restauration du fameux *Codex Atlanticus*, on découvrit collé entre deux pages le dessin d'un engin qui n'était autre qu'une bicyclette, munie d'une chaîne de transmission ! Merveille des merveilles : ce gros manuscrit date du XVIe siècle, le vélo date du XVIIIe et la chaîne de transmission du XIXe ! Léonard de Vinci fut une personnalité hors du commun, et j'évoque là un cas extrême mais révélateur d'un homme qui eut l'audace de croire à toutes ses propres hypothèses et qui se servit avec bonheur et même génie de son intelligence intuitive et créative. Il fut non seulement un artiste complet, peintre, musicien sculpteur, mais aussi un véritable chercheur, un innovateur au sens le plus large et le plus noble. Il a rédigé, outre un dictionnaire de 9 000 mots, une quantité phénoménale de traités : géologie, lumière et optique, architecture, phonétique, botanique, hydraulique,

1. Capra Fritjov, *Le Tao de la physique*, Sand, 2004.

urbanisme. Inventeur né, il a créé tout aussi bien des chars que des missiles, des avions, des scaphandres, des turbines, des lentilles de contact, etc.

Mais quelles études magistrales a-t-il donc fait ? En guise d'études, Léonard de Vinci a surentraîné ses facultés d'observation avec une méthode particulière : il stimulait et développait son imagination en regardant des taches colorées ou des nuages et observait très attentivement la nature, source pour lui, de toute création.

> « *Pour avoir connaissance des formes des choses, commence par leur détail, et ne passe d'un détail à l'autre qu'après avoir bien fixé le premier dans ta mémoire, et l'avoir longuement pratiqué*[1]. »

C'est ainsi qu'il a écrit son traité sur le vol des oiseaux et a réalisé ses travaux d'anatomie. Mais, tout au long de sa vie, son credo est resté le même : « *Toutes nos connaissances découlent de ce que l'on ressent.* »

Des visions dès l'enfance

Autre grand scientifique, Albert Einstein. Pour lui, imagination et intuition faisaient partie intégrante de sa démarche intellectuelle et scientifique et même de son fonctionnement en tant qu'être humain. Voici ce qu'il disait de ces soudaines illuminations :

> « *Il n'y a pas de voies logiques conduisant à ces lois naturelles, seule l'intuition reposant sur l'entendement par sympathie peut parvenir jusqu'à elles... C'est ainsi que je suis arrivé à la théorie de la relativité qui est l'idée la plus heureuse que j'ai eue de ma vie*[2]. »

Tout jeune garçon, Einstein est si frappé d'apprendre que la lumière se déplace à une vitesse prodigieuse qu'il s'amuse à visualiser un individu allant à cette vitesse ! Fermez les yeux et essayez... Lui, il y parvint et ressentit le continuum « espace-temps » ! Ensuite, il mit des années à

1. Léonard de Vinci, *Le Rythme du monde*, Hazan, 2003.
2. Albert Einstein, *Comment je vois le monde*, Flammarion, « Champs », 1999.

démontrer sa fulgurante et lumineuse vision par les mathématiques. Cette histoire possède en elle-même tout en enseignement : vous connaissez tous et toutes la célèbre équation d'Einstein $E = mc^2$, mais aviez-vous déjà entendu parler de sa vision d'enfant ?

Éventuellement cette dernière pourra figurer en bas de page, comme une anecdote amusante sur le grand homme, mais nullement comme une démarche intuitive essentielle ! Voilà où notre culture achoppe et se castre elle-même : la source de feu où ces savants vont boire y est traitée en note de bas de page ! Peut-être Einstein est-il le premier coupable ? Peut-être n'a-t-il pas su ou voulu initier ses disciples à sa propre prise de contact originelle avec le monde ?

Peut-être n'a-t-il pas voulu exprimer ce qu'il disait de lui-même en 1942 :

> *« Je suis un vieux garçon solitaire, surtout connu pour se passer de chaussettes. Mais je travaille avec plus de ténacité qu'auparavant et caresse l'espoir de résoudre le problème déjà vieux pour moi, d'un champ physique unique. Peut-être parviendrai-je à vivre jusqu'à des temps meilleurs et à entrevoir, l'espace d'un instant, quelque chose dans le genre de la Terre promise*[1]*... »*

Le « flair » des grands managers

Dans les affaires, on appelle l'intuition le « flair », ce que l'on sent, ce qu'il faut absolument faire au risque de rater l'affaire de sa vie ! Il y a encore une bonne dizaine d'années, les managers et autres chefs d'entreprises auraient frémi si on leur avait parlé d'intuition. Analyse rationnelle, statistiques, planning, etc. La crise mondiale que les entreprises subissent à l'heure actuelle les a obligés à réviser leurs positions. Mais dans ce domaine, il y eut, là aussi, quelques grands précurseurs.

1. *Ibidem.*

■ Savoir ce qui sera « dans le vent », demain

Un des plus célèbres managers intuitifs fut, sans conteste, Ray Kroc, le roi des hamburgers ! Il a commencé par gagner sa vie en jouant du piano dans les bars et restaurants de Chicago, puis est devenu chef du service commercial de la société Lily-Tulip pour le Midwest. En 1937, il a démissionné pour acheter l'exclusivité des droits de vente du multi-mixer, un batteur électrique qui confectionnait six milk-shakes à la fois. C'est en 1952 que sa vie a pris un tournant décisif, voici l'histoire tel que la raconte Roy Rowan dans son ouvrage *Intuition et Management*[1] :

> *« En 1952, Richard et Maurice McDonald commandèrent huit de ces machines à milk-shake pour un restaurant de San Bernardino, en Californie, ce qui piqua la curiosité de Kroc. Quel pouvait être le genre d'établissement qui passait une commande aussi importante ? Aussi prit-il l'avion pour aller livrer lui-même la marchandise. »*
>
> *« Quand j'arrivai, racontait-il, je vis une file d'attente plus longue que toutes celles que j'avais jamais vues devant n'importe quel drive-in et je me suis dit : "Bon Dieu ! Ces gars-là ont mis le doigt sur un truc !" »*

Kroc demanda aux frères McDonald de lui céder la concession de leur produit à l'échelle nationale et, au cours des cinq années qui suivirent, il mit en place une chaîne de 228 McDonald's. Seulement, il touchait moins de 2 % du bénéfice brut dont il devait ristourner plus du quart aux deux frères. Se sentant frustré, il leur demanda en 1960 combien ils lui vendraient le tout, y compris leur raison sociale. Ses interlocuteurs réclamèrent 2,7 millions de dollars. Son homme d'affaires conseilla à Kroc de ne pas payer un prix aussi exorbitant.

> *« Je ne suis pas joueur, précisait-il, et je ne disposais pas d'une telle somme. Mais mon instinct ne me laissait pas de répit : il me soufflait de dire "Topons-là !" Alors, j'ai fermé*

1. Roy Rowan, *Intuition et Management*, Rivages, 1987.

mon bureau en jurant comme un charretier, j'ai tout flanqué par la fenêtre, après quoi j'ai rappelé l'avocat et je lui ai dit : "Allez-y !" »

Autre intuitif, H. Ross Perot, fondateur et président de l'*Electronic Data Systems Corporation* :

« L'intuition, cela veut dire que l'on connaît son affaire, que l'on est capable d'évaluer une situation à partir de tout ce qu'on a vu, senti, touché, expérimenté dans une branche industrielle. La société que je dirige, précise-t-il, est une société sans bureaucratie. Tout comme Napoléon qui, dit-on, jetait au panier les rapports transmis par ses généraux, je préfère jouer sur le contact personnel. Les rapports écrits étouffent la créativité, ils empêchent celui qui les lit de réagir intuitivement[1]. »

Sans oublier de transformer l'essai

R. Buckminster, théoricien de l'entreprise et inventeur du dôme géodésique, disait de l'intuition qu'elle est une **pêche cosmique**.

Mais attention, précisait-il :

« Une fois que l'on sent que ça mord, il faut ferrer le poisson. Trop peu de gens ont soudain une idée, puis ils allument une cigarette et n'y pensent plus[2]. »

Le nouveau management

« Le management devient un art et une pratique qui consiste à gérer de l'irrationnel à l'intérieur et de l'imprévisible à l'extérieur[3] », déclare Claude-Pierre Vincent.

1. Cité dans *Psychologies*, « L'intuition, pourquoi la développer », 1998.
2. R. Buckminster, *Écologie et gestion de la planète*, Garzan, 1982.
3. Claude-Pierre Vincent, *Des systèmes et des hommes*, Édition d'Organisation.

Terminé les plans à long terme où il était juste question de temps à autre d'ajuster et de remanier ! L'entreprise, à la veille du XXe siècle subit, tout comme la société, une véritable mutation. À mesure que la production matérielle est prise en charge par des robots sophistiqués et souples, l'activité dominante de l'homme se situera dans des activités qui lui sont spécifiques, la création et la communication.

Claude-Pierre Vincent constate ainsi que l'entreprise est devenue un système interactif extrêmement complexe, évoluant dans un environnement de plus en plus mouvant et il souligne toutes les difficultés inhérentes à sa gestion. C'est pourquoi il recommande aux dirigeants de fonctionner à l'intuition, certes en la validant, de ne pas propager leurs propres systèmes de pensée dans leurs approches des ressources humaines et d'accepter les hommes tels qu'ils sont.

Valeurs humaines, enjeu spirituel, intuition et vision holistique sont aussi les maîtres mots de Michel Saloff, consultant, qui anime des séminaires sur la stratégie d'entreprise et la gestion des ressources humaines au Centre d'évaluation de la prospective en France ainsi qu'aux États-Unis dans les universités d'Ucla et J. F. Kennedy.

Meryem Le Saget, auteur d'un formidable ouvrage *Le Manager intuitif*[1] va, elle aussi, dans le même sens, et fait de l'intuition le facteur clé pour sortir de la crise tant spirituelle qu'économique que traverse notre société.

> *« L'entreprise, à l'évidence, privilégie depuis plus d'un siècle les qualités de type animus, telles que définies par Carl-G Jung : action, détermination, structuration, construction concrète, maîtrise des événements et des problèmes. Ces qualités relèvent selon C. G. Jung d'une polarité masculine, qui s'oppose à la polarité féminine de l'anima : flexibilité, intuition, réceptivité, communication profonde, aptitude à donner du sens à l'action... Chacun de nous, homme ou femme, possède pourtant ces deux sensibilités. Ainsi les hommes ne sont pas moins intuitifs que les femmes, ni les femmes moins "entrepreneurs" ou "réalisatrices" que les hommes, mais l'éducation a peut-être entravé chez les uns et*

1. Meryem Le Saget, *Le Manager intuitif*, Dunod, 2006.

les autres le développement naturel de cette double polarité... Quand, insufflée par le manager intuitif, l'anima fera son entrée – autre que clandestine – dans l'entreprise, celle-ci aura toutes chances d'accéder rapidement à des registres de performance supérieurs. Car c'est bien de cela qu'il s'agit : cet autre regard sur les choses pourrait bien rendre à l'homme sa vraie place pour faire évoluer la société vers une performance et une maturité plus élevées.

Pour le moment, nul ne distingue vraiment les managers intuitifs, comme on n'identifie pas une constellation tant qu'on n'en a pas repéré la forme dans le ciel. Et puis soudain, le réseau apparaît. On s'aperçoit que certaines étoiles brillent plus que d'autres et sont comme reliées entre elles, et l'image devient évidence. Rien n'a bougé, les étoiles étaient présentes, à leur place depuis longtemps, formant une constellation pas encore nommée ; c'est notre regard qui a changé. Gageons que l'entreprise verra de même émerger un management plus intuitif, qui marquera un retour à l'humanisme. »

Qui l'eût cru ? L'irrationnel fait enfin son entrée dans les entreprises, encore timidement, surtout en France, mais d'une façon sûre et irréversible ! N'est-il pas plus simple de constater que les hommes de l'entreprise sont en train de changer et d'accepter tout ce qu'ils sont et tout ce qu'ils ont en eux : émotions, sentiments, affects, refoulements, peurs, angoisses, rêves, inconscient tout comme logique, raisonnement, synthèse, analyse ?

Qu'avaient-ils pensé jusque-là ? Qu'il existait un mur de séparation irréversible entre l'homme et l'entreprise ? On apporte ce que l'on est et on projette même ce que l'on est dans l'entreprise !

■ Voir avec le cœur

Le cadre, le leader, le manager et le directeur de ressources humaines sont des hommes. Il serait tout à fait irrationnel, illogique, voire préjudiciable, pour ces dirigeants de se limiter et n'utiliser qu'une partie de leurs facultés et de leur cerveau. Osons regarder ce que nous sommes à l'intérieur, et nous verrons s'ouvrir d'autres champs de pensées et d'expériences. Pour Peter Koestenbaum, philosophe reconverti comme consultant dans les plus grands trusts aux États-Unis, le leader est, avant tout, un homme à part entière, c'est-à-dire un être équilibré qui sait utiliser et développer sa part féminine tout comme sa part masculine.

> « *Un véritable leader ne pratique pas seulement la pensée logique et abstraite. Pas plus qu'il ne se contente de savoir influencer les hommes ou d'agir avec rigueur et initiative. Un leader est un être humain équilibré, ouvert à beaucoup d'émotions. C'est une personne qui participe totalement à la vie – la vie du corps, de l'âme profonde, du monde extérieur – qui prend sa part entière dans la société et la nature, dans le monde de l'atome et celui du cosmos... Voir avec le cœur : on ne saurait trop souligner l'importance et la nouveauté de cette formule quand on l'applique au business. Vous n'atteindrez pas à la sagesse et au leadership, si vous ne voyez pas les choses avec le cœur. Quand on se trouve le dos au mur, ou au bord d'un précipice, le cœur embraie – et c'est heureux – comme organe de la perception, et révèle la vérité de la situation. L'éthique vient de la tête, mais la compréhension, l'humaine compréhension vient du cœur*[1]. »

■ Pourquoi n'utiliser qu'une partie de nos facultés ?

Henry Mintzberg, professeur de management à l'université McGill de Montréal et à l'université d'Aix-Marseille, consacre dans son dernier ouvrage un chapitre entier sur l'intuition, intitulé « Coupler analyse et intuition dans le management ». En voici un extrait :

> « *C'est une pratique fallacieuse de vouloir opposer des styles de management analytique et intuitif. Chaque manager a besoin à la fois d'analyser les problèmes systématiquement et de décider rapidement : un talent qui ne vient que de l'entretien de l'intuition pendant plusieurs années d'expériences et d'éducation. Le manager efficace n'a pas les moyens de choisir entre les approches analytiques ou*

1. Peter Koestenbaum, *Socrate et le Business*, InterÉditions, 1989.

intuitives des problèmes. Se conduire comme un manager signifie avoir sous son contrôle tout un ensemble de talents et les utiliser lorsqu'ils se révèlent utiles[1]. »

Il y a de nombreuses résistances chez nos dirigeants, et cela est bien normal, humain, tout simplement ! Changer, c'est facile à dire, mais si les gens ne changent pas c'est parce qu'ils ne le veulent pas ! Et ils ont d'excellentes raisons : changer c'est douloureux, c'est épuisant ! Mais la sanction du non changement, c'est l'aggravation des difficultés.

Artistes et grands chefs : de l'inspiration à l'intuition

On dit les artistes, les écrivains, les musiciens et les grands Chefs plus inspirés qu'intuitifs : l'inspiration rejoint cependant l'intuition en ce sens qu'elle est aussi écoute de soi, capacité de nous fixer en notre centre, de nous élever jusqu'au niveau supérieur de notre être, là où les sensations de rêve, de flottement, d'imagination sont au maximum.

Dans *Le Robert*, à *inspiration*, on trouve : « souffle créateur qui traverse les artistes, les chercheurs, les poètes ! »

Pour Beethoven, c'était une évidence : l'Esprit lui parlait, et il se contentait d'écrire sous sa dictée. Baudelaire, dans ses *Journaux intimes*, écrivait : « *L'inspiration vient toujours quand l'homme le veut.* »

■ Mettre des mots sur l'indicible

Appel de l'homme vers l'unité cosmique, un moment où l'être humain entre en résonance profonde, non seulement avec le cosmos, mais avec tout ce que les hommes ont vécu depuis l'aube des temps : amour, haine, joie, mort, angoisse, deuil, cris, larmes, naissance, maladie, allégresse, confiance, etc. La tâche du poète ne réside-t-elle pas dans cette faculté de mettre des mots sur l'indicible ? Si René Descartes ouvrit le chemin au rationalisme pur et dur, on oublie qu'il fut aussi un esprit ouvert, ne disait-il pas :

1. Henry Mintzberg, *Le Management : voyage au centre des organisations*, Édition d'Organisation, 2004.

« *On pourrait s'étonner que les pensées profondes se trouvent dans les écrits des poètes plutôt que des philosophes. La raison en est que les poètes écrivent par les moyens de l'enthousiasme et de la force de l'imagination : il y a en nous des semences de science, comme dans le silex, que les philosophes extraient par les moyens de la raison, tandis que les poètes, par les moyens de l'imagination, les font jaillir et davantage étinceler*[1]. »

Et aussi :

« *La connaissance intuitive est une illumination de l'âme, où elle aperçoit dans la lumière de Dieu les choses qu'il Lui plaît de nous révéler par une impression de clarté divine dans notre entendement, qui en cela n'est pas considéré comme un agent, mais seulement comme récepteur des rayons de la divinité*[2]. »

L'intuition est un long phénomène de maturation, de connaissance de soi (de *co-naissance* au sens de *naître à soi*), d'écoute, de regard, de vision et d'acceptation des phénomènes inhérents à tous ces processus.

Ce n'est certes pas le peintre, Eugène Delacroix, qui me démentirait, lui qui écrivait :

« *Le beau est le fuit d'une inspiration persévérante qui n'est qu'une suite de labeurs opiniâtres*[3]. »

Et encore moins Saint-Exupéry :

« *L'illumination n'est que la vision soudaine, par l'Esprit, d'une route lentement préparée*[4]. »

1. René Descartes, *Règles pour la direction de l'esprit*, 1629, règle 12, Flammarion, 2002.
2. *Ibidem*.
3. Eugène Delacroix, *Carnets*, Flammarion, 1988.
4. Antoine de Saint-Exupéry, *Carnets*, Gallimard, 1953.

On sait par ailleurs que Victor Hugo écrivait vite, qu'il remplissait quelque dix pages par jour et qu'il suivait inexorablement son intuition, son « enchantement » comme il le disait, c'est-à-dire les images, le rêve qui menait son livre.

■ Rêver, imaginer et créer

Si nous parlions des grands Chefs, de ceux qui inventent et créent la cuisine d'aujourd'hui et de demain, de ceux qui réinventent le produit ou vont au bout de ce qu'il est et de ce qu'il peut exprimer : Guy Savoy, dont le restaurant de la rue Troyon fait les délices de tout un chacun, trois étoiles au Michelin. La cuisine de Guy Savoy est franche et sans artifices. Il voue un culte aux bons produits, à la perfection, à la créativité et au plaisir des yeux. La réussite d'un plat tient selon lui à la qualité du produit, à la précision de la cuisson et à la finesse de l'assaisonnement. L'art de Guy Savoy s'exprime aussi par une interprétation parfaite des temps de cuisson et notamment un mélange absolument unique de texture et de températures (ça commence chaud avec la première cuillère et ça finit glacé au fond de l'assiette) dans un même plat. Il se dit intuitif, plein d'envies et de projets, guidé le plus souvent par une sensation, une idée, un goût qu'il veut mener jusqu'au bout de son épanouissement.

Autre tête toquée, assiettée et chaleureuse, deux fois étoilée au Michelin, Jean-Pierre Vigato, dans son restaurant de la rue d'Artois dans le VIIIe arrondissement de Paris, Apicius, enchante le palais de tous les gastronomes et des gourmands. La devise du chef : « Partager, faire plaisir, donner du bonheur. » Epicurien et travailleur acharné, Jean-Pierre Vigato s'est fait tout seul. Il manie les saveurs, le produit avec respect et authenticité. Son credo : « Le produit, rien que le produit. » Pour lui, l'intuition et la créativité mènent la vie d'un cuisinier tout comme une solide expérience du métier, un goût de la perfection, une envie d'exalter toutes les saveurs inhérentes au produit. Jean-Pierre Vigato rêve d'un plat, l'imagine, le crée, le réalise, il doute souvent en attendant le verdict des premiers « goûteurs ». Cependant, il reste confiant, et c'est cette confiance en lui qui l'incite à aller de l'avant, non pas comme ceci ou cela, mais comme le sent et le veut Vigato. La truffe et ses senteurs de terroir, de cep de vigne, du pays de Lot ou de Dordogne, d'Italie pour la truffe blanche affinent particulièrement ses sens et lui donnent l'envie irrésistible de travailler le produit d'une manière bien particulière.

Tout le monde peut-il être intuitif ?

Tout le monde l'est plus ou moins . C'est aussi simple que cela. Mais nous avons tous une intelligence intuitive qui ne demande qu'à fonctionner et qu'à travailler comme toute partie de notre individu. Dans les séminaires que j'anime sur l'intuition, je demande toujours aux participants de s'exprimer sur le sujet. Qu'en pensent-ils ? Se croient-ils intuitifs ? En ont-ils fait l'expérience ? Les réponses sont toujours hésitantes, surtout chez les hommes, dont l'éducation et les études sont pour la plupart axées sur des cadres rationnels et une image sociale stéréotypée. Cela les inhibe totalement au niveau intuitif. Mais peu à peu, la confiance venant, les masques tombant, ces messieurs font des révélations étonnantes.

Bernard, directeur des ressources humaines dans une société de bâtiment :

Témoignage

« J'étais très réservé vis-à-vis de l'intuition. Je ressentais cela comme une sensation très forte qui me disait de faire ou de ne pas faire cela ! J'essayais toujours de travailler d'une manière rationnelle tout en étant parfois exaspéré par une petite voix intérieure bien gênante ! Un jour, j'ai dû me décider entre deux personnes pour un poste de commercial : l'un correspondait tout à fait au poste de par son expérience, ses références, ses diplômes, mais je n'adhérais pas vraiment. Je ne sais pas comment dire il y avait quelque chose en lui qui me retenait de lui dire "vous commencez le mois prochain". L'autre candidat, moins alléchant de par son CV, me plaisait pourtant davantage, mais je me disais que c'était ridicule, il n'y avait aucun argument valable face à ma position. J'en ai parlé à mon supérieur et il me conseilla vivement de prendre celui qui, raisonnablement, convenait pour le poste ! Je le fis à contrecœur, je le reconnais, mais sans m'expliquer la raison de cette réserve ! Six mois plus tard, la personne que j'avais choisie fut licenciée pour faute grave : il était en train de donner tout notre fichier à la concurrence !

Ce jour-là, je me suis rappelé ma réticence et j'ai compris que l'intuition existait et qu'il fallait en tenir compte comme l'un des facteurs de toute prise de décision ! »

Quelques réflexions extraites des séminaires :

- Quand je sens quelque chose, j'ai une impression très forte, presque physique, et j'obéis toujours à cette impulsion qui est presque une obligation.
- J'ai vraiment l'impression d'être en osmose totale avec moi-même, d'être en accord parfait avec la décision que je prends.
- Certains entendent une voix, moi ce serait plutôt une visualisation de la situation ou de la scène, je vois au sens littéral du terme ce que je dois faire ou dire, c'est imparable ! Et le mieux, c'est qu'à chaque fois, ça marche !
- Lorsque je ne me fie pas à mes impressions, à mon intuition (j'ai encore des difficultés à parler d'intuition !), je m'en mords les doigts ! Et j'ai compris que je devais suivre mes intuitions au risque de manquer des opportunités !
- J'ai l'impression que mon intuition c'est comme l'instinct de l'animal ! Oui, ça doit être aussi fort pour un animal, comme une pulsion !
- C'est une poussée irrésistible : je sais que je dois faire cela et que si je ne le fais pas, ce serait vraiment dommage, voire dommageable !
- J'ai le sentiment très fort de vivre, d'être en correspondance avec tout l'univers, c'est assez unique comme vécu !
- Je me suis aperçue que les gens intuitifs réussissaient mieux que les autres, ils ont toujours une position en avant. Ils ont su développer une totale confiance en eux-mêmes ; ils se connaissent bien et n'ont pas peur d'affirmer leurs positions sans vraiment se soucier d'être approuvés par les autres ! Je crois que c'est pour cette raison que je me suis inscrite à ce séminaire parce que être intuitif, c'est être confiant !

- J'ai instinctivement confiance dans mes postulats de départ. J'ai un point de vue qui se base sur toutes les données dont j'alimente mon ordinateur personnel – mon cerveau – où elles se combinent avec mes instincts, mes vibrations, mes expériences, mon intuition !

Et notre cerveau, qu'en pense-t-il ?

Il pense que l'on va enfin le faire fonctionner à plein régime et cela le met en fête !

C'est un biologiste américain, Roger Sperry, travaillant au *Californian Institute of Technology*, qui a déterminé les spécialisations respectivement dévolues au cerveau droit et au cerveau gauche, ce qui lui a valu en 1981 le prix Nobel de physiologie.

> « *Chaque hémisphère semble sous bien des aspects avoir une intelligence qui lui est propre*[1] », observait-il.

Les travaux de Sperry ont permis de démontrer que l'hémisphère gauche a pour spécialité les tâches verbales, quantitatives et analytiques, alors que l'hémisphère droit a davantage d'aptitudes visuelles, artistiques et intuitives.

Les deux hémisphères du cerveau

En 1910, Sri Aurobindo écrivait :

> « *L'intelligence est un organe composé de différents groupes de fonctions qui peuvent se répartir en deux catégories principales, les fonctions et les facultés de la main droite et celles de la main gauche.*
>
> *– Les facultés de la main droite sont globales, créatives, synthétiques, elle saisit ce qui est encore incertain.*
>
> *– Les facultés de la main gauche sont critiques et analytiques, elle se limite à des vérités reconnues*[2]. »

1. R. W. Sperry, *Science and Moral Priority*, New York : Columbia University Press, 1983.
2. Sri Aurobindo, *La Vie divine*, Albin Michel, 1992.

L'hémisphère gauche : le royaume de la logique

C'est le langage, la parole, l'écriture, le calcul logique, le raisonnement, la capacité d'analyse et d'abstraction, la méthode.

L'hémisphère gauche s'intéresse aux arbres au détriment de la forêt. D'ailleurs il ne voit même pas la forêt. Sa fonction principale est de traduire toute perception en représentations logiques, sémantiques et phonétiques de la réalité et de communiquer avec l'extérieur sur la base de ce codage logico-analytique du monde.

C'est le goût pour les dictionnaires, les lexiques, les mots, le souci de nommer les objets, les choses et de les classer. C'est l'art de structurer les phrases et de faire des plans. C'est le goût des détails plutôt que de l'ensemble, la présentation logique des faits, des enchaînements, des relations de cause à effet.

Un hémisphérique gauche privilégiera toujours l'approche rationnelle : il avance par étapes, suivant un plan prévu et organisé, en respectant un ordre logique. Il se préoccupe peu du contexte, qui lui apparaît comme une gêne : les gens et les choses doivent suivre puisque tout cela est bien pensé. Il a le souci de trouver des causes et des explications pour tout. L'inexpliqué est une faiblesse. Il procède en contrôlant méthodiquement son avance et ne passe à l'étape suivante qu'au moment où l'étape prévue est terminée. Tout doit s'enchaîner logiquement. La relative rigidité de la démarche lui semble une garantie de la validité de la démarche.

L'hémisphère droit : royaume de l'image et de l'intuition

C'est l'univers de la pensée sans langage, de la compréhension non verbale, de la reconnaissance des formes, de la perception spatiale, de la formulation de concepts allant de la formulation mathématique à la composition musicale. C'est l'hémisphère droit qui donne le ton et les intonations à la voix, le style. Il reconnaît d'ailleurs les intonations les plus subtiles, en particulier les airs (plutôt que les paroles elles-mêmes). Le côté droit du cerveau est le siège du rythme, de la musique, des images et de l'imagination : il traite les informations telles que les couleurs, les analogies, l'identification du visage, des structures et des schémas...

Ayant une image du monde immédiate, globale et cohérente, l'hémisphère droit perçoit mieux les structures spatiales complexes. L'image et l'intuition sont ses fonctions dominantes.

Un hémisphérique droit procède par association d'idées, par approche interactive. Il ne donne pas de catégories définies *a priori*. Il avance par découvertes successives, en portant un regard global sur le problème.

L'intuition le guide plus que la raison. Il ne peut pas réfléchir indépendamment du contexte : rien ne peut être pris de manière isolée. Son approche apparaît quelque peu en désordre et on ne voit pas forcément où il va. Lui-même non plus et il n'en ressent pas le besoin, il avance en spirale, en attendant que, peu à peu, les éléments s'ordonnent d'eux-mêmes en souplesse.

■ Lisez horizontalement les fonctions dévolues à chacun des deux hémisphères

Hémisphère gauche	Hémisphère droit
Verbal : langage, mots (zone du langage chez 96 % des gens : 98 % des droitiers et 70 % des gauchers)	Muet : images, formes, couleurs
Scientifique	Artistique
Le temps	L'espace
Logique	Analogique, intuitif
Rationnel (la tête)	Émotionnel (le cœur)
Analytique : voit « l'arbre »	Synthétique : voit « la forêt »
Contenu du discours	Intonation de la voix (timbre)
Discussion et rédaction en prose	Poésie, peinture, musique
Arithmétique et calcul mental	Mathématiques supérieures
Pensée organisée et consciente	Rêves et inconscient

.../...

Reconnaissance des noms de personnes	Reconnaissance des visages
Reconnaissance du nom des objets	Reconnaissance de la forme et de l'usage
« Moi dans le monde »	« Le monde sans moi »
Quantitatif	Qualitatif
Rythme musical et séquences temporelles	Timbre et mélodie musicale
Ne sait pas reconnaître une voix masculine d'une voix féminine	Ne sait pas traduire une émotion en mots
Ne sait pas dessiner ni chanter	Ne sait pas parler ni compter
Écriture alphabétique	Idéogrammes chinois, hiéroglyphes
Le texte	Le contexte
Approche linéaire (cartésienne)	Approche systémique
Appréhension d'éléments nouveaux originaux et complexes	Appréhension d'un contexte familial, banal, stéréotypé, orientation dans le déjà connu
Créativité et recherche	Intuitions créatives non élaborées

Extrait de *La GESTALT*, Serge Ginger[1].

Un pont entre deux mondes

Sperry découvrit aussi que ces deux hémisphères pouvaient collaborer pour accomplir certaines tâches puisqu'ils sont reliés par ***le corps calleux***, une sorte de câble coaxial formé de quelque 200 millions de fibres nerveuses. Ce fut en étudiant des épileptiques ayant subi l'ablation de ce corps calleux, intervention ayant pour objet de diminuer l'intensité de leurs crises, qu'il réussit à déterminer, en les isolant, les fonctions de l'un et l'autre de ces hémisphères.

Au fil de ces recherches, Sperry arriva à la conclusion que l'hémisphère droit était considérablement sous-estimé. Aux yeux de Sperry, ses prouesses dans le domaine sensoriel dotaient une personne de capaci-

1. Serge Ginger, *La GESTALT ou l'art du contact*, Marabout, 2006.

tés supérieures pour résoudre les problèmes, en particulier dans des situations telles qu'une simple impression ou une simple image mentale vaut un millier de mots soigneusement pesés.

Roy Rowan, dans son ouvrage précédemment cité, explique que Sperry inventera le terme de *left-brained* (gaucher du cerveau) pour désigner « le subordonné en costume trois pièces qui avance lourdement pas à pas avec précaution, et est capable d'accéder à des fonctions de cadre supérieur, mais manque de l'esprit visionnaire qu'il faut pour diriger l'entreprise[1] ».

On pourrait dire que l'intuitif sent le vent, la légèreté ou la pesanteur de l'air, des situations. Il marche à l'instinct, au flair et même si son fonctionnement semble tout à fait hors norme, il arrive souvent à de meilleurs résultats que celui qui compulse pendant des heures ses dossiers. L'intuitif fait toujours intervenir l'humain dans ses réflexions, car il est lui-même profondément humain, généreux, optimiste. Il comprend sa propre complexité et donc la complexité des autres et du monde.

Jung : la psychologie des profondeurs

Le célèbre psychanalyste Jung fut le premier à semer le trouble dans les esprits cartésiens. Pour lui, seul l'inconscient est stable dans sa continuité, ce que l'on ne pourrait prétendre du conscient.

> *« La conscience n'est pas continue. On parle, il est vrai, de la continuité de la conscience ; mais, en réalité cette continuité n'existe pas et l'impression qu'on en ressent n'est que l'œuvre du souvenir. La conscience est intermittente, interrompue. Si on fait la somme des phases conscientes d'une vie humaine, on arrive à la moitié ou aux deux tiers de sa durée totale, le reste étant fait de vie inconsciente : durant la nuit on est la proie du sommeil et durant la journée nombreuses aussi sont les heures où l'on n'est conscient qu'à moitié ou aux trois quarts. Il n'y a au fond que peu de moments où l'on soit réellement conscient, où la conscience atteigne un certain*

1. Rowan Roy, *Intuition et Management*, Rivages, 1987.

niveau et une certaine intensité... L'inconscient, en revanche, est un état constant, durable, qui, dans son essence, se perpétue semblable à lui-même... Tandis que nous écoutons, parlons, lisons, notre inconscient continue de fonctionner, quoique nous n'en remarquions rien... On peut montrer que l'inconscient tisse perpétuellement un vaste rêve qui, imperturbable, va son chemin au-dessous de la conscience, parfois émergeant la nuit en un songe, ou causant dans la journée de singulières petites perturbations. Certaines personnes, douées d'une forte intuition et de la faculté de percevoir leurs processus intérieurs, ou au moins de les pressentir, racontent pouvoir aussi observer des fragments de ce rêve à l'état de veille, sous forme d'idées soudaines, d'imaginations[1]. »

Où se situe la psyché ?

Si Jung reconnaît que la conscience est localisée dans les hémisphères cérébraux dont elle est une fonction, le reste de la psyché serait localisé quelque part ailleurs. Mais où se situerait ce quelque part ailleurs ? Dans *L'Homme à la Découverte de son âme*, il se réfère aux Primitifs qui soutiennent que la pensée a son siège dans le cœur ou dans le ventre, ce que certaines traditions, et en particulier, les Hindous appellent le *Hara*. Vaste question !

Hunches

Jung détermine quatre fonctions inhérentes à la conscience : **la sensation, la pensée, l'intuition et le sentiment**. Voici ce qu'il dit de l'intuition :

« L'intuition est une fonction que, normalement, on emploie peu pour autant que l'on vive une vie régulière, entre quatre murs, astreint à un travail routinier. Mais si on s'occupe de bourse ou si on se trouve dans l'Afrique Centrale, on emploie ces « hunches » (I've got a hunch : j'ai une impression, une idée – locution employée dans le slang américain pour

1. Carl Gustav Jung, *L'Homme à la découverte de son âme*, Albin Michel, 1984.

désigner l'intuition) tout comme autre chose. Vous ne pouvez pas, par exemple, calculer si à un détour de la brousse vous n'allez pas vous trouver face à face avec un tigre ou un rhinocéros, mais vous avez un « hunch » et cela vous sauvera peut-être la vie. Les gens qui vivent exposés aux conditions naturelles font un grand usage de l'intuition ; elle est employée aussi par tous ceux qui risquent quelque chose dans un domaine inconnu, qui sont des pionniers d'une manière ou d'une autre : les inventeurs, les juges, etc. Dès que l'on se trouve en présence de conditions nouvelles, encore vierges de valeurs et de concepts établis, on dépend de cette faculté d'intuition. »

Une fonction irrationnelle

Toujours pour Jung, l'intuition, en tant que fonction irrationnelle, n'est pas, pour l'intellect, facile à cerner. Il la définit comme « *une perception via l'inconscient, perception qui nous parvient à travers les couches subliminales de notre être* » (*sub* : au-dessous, *limen* : seuil ; subliminal : situé au-dessous du seuil de la conscience).

L'intuition est une fonction très naturelle, parfaitement normale et nécessaire. Elle s'occupe de ce que nous ne pouvons ni sentir, ni penser, parce que cela manque de réalité, comme le passé qui n'en a plus et l'avenir qui n'en a pas autant que nous le pensons.

Nous devons être très reconnaissants au ciel de posséder une fonction qui nous octroie certaines lumières sur ce qui est « par-delà les choses ».

Bon nombre de lecteurs du début du XXe siècle ont dû se dire que Jung était un fou dangereux, bon à enfermer ! Et, pourtant ... L'imagination et l'intuition sont indispensables à notre compréhension. Bien que, selon une opinion populaire, elles soient surtout précieuses pour les poètes et les artistes (et que, dans les affaires raisonnables il ne faille pas s'y fier), ces qualités sont en réalité tout aussi indispensables aux échelons supérieurs de la science. Elles y jouent un rôle d'une importance croissante qui complète celui de l'intelligence « rationnelle » et de son application à un problème particulier. Même la physique, la plus rigoureuse des sciences appliquées, dépend à un point étonnant de l'intuition, qui agit par l'inconscient (bien qu'il soit possible, après coup, de reconstituer le processus logique qui eût conduit au même résultat que l'intuition).

Les manifestations de l'intuition

Ainsi, la perception intuitive peut se manifester de diverses manières :

- **physiquement** (on « flaire » un danger sans qu'aucun indice apparaisse. Personnellement, j'ai l'impression d'entendre des sifflements ou d'avoir une électricité statique incroyable sur ma peau !) ;
- **émotionnellement** : c'est l'attrait ou le rejet immédiat pour quelqu'un ;
- **sur le plan mental** : on a brusquement la réponse à un problème intellectuel ;
- **au niveau spirituel** : la perception intuitive est souvent associée à l'expérience mystique de l'ordre de la révélation ou à un sentiment profond de plénitude, de complétude en soi et avec l'univers entier.

La notion d'inconscient collectif

L'intuition provient d'une connexion du conscient avec les couches les plus profondes de l'inconscient, mais surtout de l'inconscient collectif : les archétypes et les symboles. L'inconscient collectif est une véritable banque de données : il a accumulé toutes les expériences de l'univers et des êtres humains. Ainsi l'homme est en possession de bien des choses qu'il n'a jamais acquises par lui-même mais qu'il a héritées de ses ancêtres.

L'homme naît inconscient. Il apporte en naissant des systèmes organisés spécifiquement humains et prêts à fonctionner, qu'il doit aux milliers d'années de l'évolution humaine... À sa naissance, l'homme apporte le dessin fondamental de son être, non seulement de sa nature individuelle mais aussi de sa nature collective.

Les coïncidences signifiantes : le phénomène de synchronicité

Dans les années 1920, Jung est fasciné par le problème de la synchronicité. Depuis le temps où, en étudiant les phénomènes de l'inconscient collectif, il rencontrait sans cesse des connexions – séries ou termes groupés – qu'il ne parvenait pas à expliquer par le simple hasard ! Il s'agit en effet de coïncidences dont l'apparition présentait un tel caractère de « sens » que, dans leur cas, l'improbabilité d'un hasard ne pouvant s'exprimer que par un nombre d'une grandeur immense.

Ces coïncidences, il le nomme phénomènes de synchronicité. Jung se pencha d'ailleurs longuement sur l'oracle chinois du Yi-King dont la sagesse et la justesse des réponses représentaient le cas typique du phénomène de synchronicité. Jung voyait dans le Yi-King un parfait outil de connaissance de soi, d'aide à l'anticipation, à la concrétisation de choses non manifestées ou de pensées non encore formulées.

Pour Jung, le vécu d'une synchronicité est une expérience du temps. Les événements correspondent à l'état subjectif d'une façon telle que le ou les sujets concernés sont touchés au niveau de leur rapport avec la réalité. La perception du déroulement du temps semble suspendue pour laisser la place à la perception d'une autre organisation, où des dynamismes encore inconnus s'articuleraient selon d'autres lois. L'effet de sens est dû à l'impression que tout ce qui fait la vie ne s'expliquerait pas seulement dans le cadre de la diachronie passé-présent-futur, mais appartiendrait plutôt à une autre problématique. Les circonstances concrètes et les phénomènes psychiques semblent être coordonnés en fonction d'un centre situé hors du psychisme individuel.

■ En pratique

Il y a des phénomènes très simples mais qui nous posent question, il m'est arrivé l'autre jour de rêver d'un humoriste et d'un acteur hors du commun, Coluche, sans raison apparente. L'image m'est revenue brusquement dans mon bureau alors que j'étudiais un dossier. Le téléphone sonne, c'était une de mes amies qui me signalait qu'un film sur lui sortait, et qu'il était surtout axé sur sa campagne présidentielle qui avait inquiété bon nombre d'hommes politiques lorsqu'ils avaient constaté que Coluche atteignait les 16 % d'intentions de votes. Voilà un phénomène de synchronicité, l'inconscient met le doigt sur un phénomène extérieur à moi au premier abord, le conscient par l'entremise de mon amie, insiste et signale qu'il y a là quelque chose à comprendre : il faut aller voir le film. Rien que du hasard, diront certains ! Non, pas pour moi, je suis allée voir le film et j'y ai trouvé bon nombre de points communs avec une situation que j'avais vécue, ce film m'a bien éclairée sur mon propre vécu et m'a confirmé dans les choix que j'avais faits à l'époque.

Rupert Sheldrake ou la mémoire de l'univers

Spécialiste de la biochimie et de la biologie cellulaire, Rupert Sheldrake soutient une thèse qui, à sa manière, rejoint tout à fait la pensée de Jung. Pour Sheldrake, la mémoire est inhérente à la nature. Les systèmes naturels, tels que des colonies de termites, des pigeons, des orchidées, des molécules d'insuline héritent d'une mémoire collective renfermant tous les phénomènes concernant leur espèce, aussi distants soient-ils dans l'espace et dans le temps.

> *« Au fil de sa croissance, une hirondelle vole, se nourrit, lisse ses plumes, migre, se reproduit et nidifie comme l'ont fait toutes les hirondelles avant elle. Elle hérite de l'instinct de son espèce via d'invisibles influences agissant à distance ; celles-ci ont pour effet de rendre, en quelque sorte, le comportement d'hirondelles passées, présent en elle. Elle est formée par la mémoire collective de son espèce, qu'elle contribue à son tour à former... Tous les humains puisent également dans une mémoire collective, qu'à leur tour, ils contribuent à façonner... Quand des mésanges bleues apprennent un comportement nouveau – voler du lait en arrachant la capsule de la bouteille, par exemple – toutes les mésanges bleues, où qu'elles soient, même hors de portée des moyens de communication normaux, devraient révéler une tendance croissante à apprendre le même comportement. Lorsqu'une activité nouvelle devient à la mode parmi les hommes, le surf, par exemple, son apprentissage devrait être*

de plus en plus aisé au fil des temps, pour la simple raison qu'un nombre toujours plus important d'individus s'y adonnent... Ainsi nos habitudes personnelles peuvent-elles dépendre d'influences cumulatives de notre comportement passé, avec lesquelles nous entrons en "résonance"[1]. »

Ainsi le passé peut devenir présent de manière directe ! Il nous suffit de rentrer en résonance, de nous brancher sur cette mémoire collective – l'inconscient collectif de Jung – pour que se mettent en marche certains phénomènes irrationnels comme l'intuition.

Les champs morphiques

Sheldrake avance l'hypothèse de la **causalité formative**. Celle-ci suggère que la nature des choses dépend de champs : **des champs morphiques**. Chaque type de système naturel possède son propre type de champ : il y a un champ pour l'insuline, un champ pour le hêtre, un champ pour l'hirondelle, etc. Ces champs façonnent les différents types d'atomes, de molécules, de cristaux, d'organismes vivants, de sociétés, de coutumes et de modes de pensée.

« *Les champs morphiques, comme les champs connus de la physique, sont des régions d'influence non matérielles s'étendant dans l'espace et se prolongeant dans le temps. Quand un système organisé particulier cesse d'exister – lorsqu'un atome est désintégré, lorsqu'un flocon de neige fond, ou qu'un animal meurt – son champ organisateur disparaît du lieu spécifique où existait le système. Mais, dans un autre sens, les champs morphiques ne disparaissent pas : ce sont des schèmes d'influence organisateurs potentiels, susceptibles de se manifester à nouveau, en d'autres temps, en d'autres lieux, partout et à chaque fois que les conditions physiques seront appropriées. Quand c'est le cas, ils renferment une mémoire de leurs existences physiques antérieures*[2]. »

1. Rupert Sheldrake, *La Mémoire de l'univers*, Éditions du Rocher, 1989.
2. Rupert Sheldrake, *Une Nouvelle Science de la vie*, Éditions du Rocher, 2003.

Les travaux de Rupert Sheldrake ouvrent, après ceux de Jung, une voie royale des phénomènes intuitifs : ils éclairent le processus de transmission de l'information entre soi et soi, entre soi et les autres hommes ou entre soi et la nature, sans limite d'espace ni de temps. **Par résonance morphique,** chacun est capable de se mettre en harmonie avec l'objet de connaissance, consciemment ou inconsciemment, et de communiquer avec le champ d'informations correspondant.

Rupert Sheldrake dans *L'Âme de la nature*[1] **donne l'exemple des lieux sacrés. Qui n'a pas une fois dans sa vie ressenti d'étranges perceptions : le sentiment de déjà vu, déjà vécu, dans une église, un temple, ou même à l'étranger dans des lieux particulièrement chargés de mémoire collective sacrée ?**

■ En pratique

J'ai, pour ma part, en Égypte, eu la certitude de rentrer en parfaite résonance avec des lieux comme Louxor, Karnak, la vallée des rois et des reines et surtout la tombe de Ramose, ancien vizir, où j'ai eu la sensation très précise de capter un message qui, sur le moment, m'échappa totalement mais que je compris des années plus tard.

À ce moment précis, je rentrais en correspondance, en résonance avec ces lieux, ou plutôt avec l'esprit des lieux. L'intuitif enregistre, il laisse passer la vague d'informations sur lui, il la laisse pénétrer en lui, son cerveau enregistre, trie et plus tard, la réponse viendra. Il n'y a rien à faire : juste à laisser faire en soi, tranquillement, en ayant confiance.

L'événement passé peut, en un sens, redevenir présent et donc agir comme une sorte de porte d'accès à des domaines d'expérience transcendant les limites ordinaires de l'espace et du temps. Il est important de reconnaître la réalité de ces expériences, de même qu'il est tout aussi essentiel de reconnaître l'authenticité de certaines expériences directes de la nature dans le désert, à la campagne, en forêt, en montagne, en mer, partout où il nous est arrivé de nous sentir avec le monde vivant.

1. Rupert Sheldrake, *L'Âme de la nature*, Albin Michel, 2001.

Mais, une fois retourné à notre existence quotidienne, nous avons souvent tendance à minimiser, voire à nier, ces expériences. Nos expériences directes, intuitives de la nature sont plus réelles que des théories, qui ne suivent jamais que des modes du moment.

L'esprit sous-tend la matière

C'est une idée qui traverse les siècles et semble habiter l'âme de tous les hommes à toutes les époques, depuis *Thalès* qui, au IVe siècle, déclarait à Anaxagore qui prétendait que les grains de matière se meuvent grâce à une psyché : « Toutes les choses sont emplies de dieux[1]. » Plus près de nous, Leibniz : « Tout fragment de matière est une colonie d'âmes[2]... » et Teilhard de Chardin, pour qui « l'univers matériel baigne dans un tissu psychique, et pour qui, une psyché est associée aux particules élémentaires de la matière ».

Citons encore le physicien français Costa de Beauregard :

> « *L'univers matériel étudié par la physique n'est pas tout l'univers, mais [qu']il masque, démontre, et laisse entrevoir l'existence d'un autre univers bien plus primordial, de nature psychique, dont il serait une doublure passive et partielle*[3]. »

Jean Charon et les électrons

Nous ne pouvons nous approcher nous-mêmes qu'en pensant à ce qui nous constitue. Nos cellules ? Nos chromosomes ? Nos atomes ? Non. Pour Jean Charon, Il faut encore aller plus loin et envisager l'échelle d'un autre monde, le monde invisible – quasi inconcevable pour certains – qui structure l'atome. La raison dernière de nos corps, et bien sûr de l'univers, est de l'électricité en mouvement : les électrons, énergie concentrée, presque coagulée. Ainsi, chacun de nos électrons possède-

1. Anaxagore, *De la Nature*, Flammarion, 1984.
2. Leibniz, *Nouveaux essais sur l'entendement humain*, Flammarion, 1993.
3. Olivier Costa de Beauregard, *Le Temps des physiciens : la notion de temps, le second principe de la science et du temps*, Aubin, 1996.

rait une histoire et une mémoire remontant à des siècles, voire tout le passé de l'univers ou toute sa mémoire. Jean Charon démontre que les électrons de notre corps enferment un espace et un temps de l'Esprit :

> *« J'ai toujours été au cours de mes recherches sur cette matière nommée "inerte" comme à l'affût des premières traces des phénomènes psychiques, c'est-à-dire guettant l'Esprit dissimulé sous la matière[1]... »*

Pour ce physicien-métaphysicien, **chacun** de nos électrons contiendrait donc une histoire mémorisée, remontant le passé... Un échange d'informations entre électrons peut avoir lieu, quelle que soit la distance. Il s'agit alors d'un **échange spirituel** ! Et Charon insiste : ce qui nous constitue vraiment c'est l'Esprit ; et celui-ci est tout entier contenu dans **chacun** des milliards d'électrons entrant dans notre corps. Rappelons que le nombre des électrons d'un corps humain est de 4 suivi de 28 zéros ! Signalons également que la durée de vie d'un électron est quasi éternelle (quelque 1 milliard de milliards d'années !) Ainsi, on peut dire que certains de nos électrons ont l'âge de l'univers... !

Au travers de leur réflexion, Jung, Sheldrake, Charon et beaucoup d'autres nous montrent un univers vivant, palpitant de milliards de cellules, d'atomes, de champs vivants, d'organismes immortels, ayant tout simplement changé de formes, mais toujours présents et aptes à résonner pour qui le désire !

Pensée convergente et pensée divergente

Depuis plus d'un siècle, les psychologues se sont tournés vers les ressources de l'intelligence humaine, mais ils ont beaucoup délaissé l'intuition et la créativité qui vont de pair.

1. Jean Charon, *Le Monde éternel des éons*, Éditions du Rocher, 1987.

Des tests peu probants

On a tenté d'évaluer le potentiel intuitif et créatif des sujets avec des tests apparentés aux tests de quotient intellectuel. Sans succès, et pour cause, car les démarches intellectuelles de l'intelligence logique et de l'intelligence intuitive sont presque opposées. Dans un test d'intelligence, la réponse correcte ou logique est unique ; ainsi les candidats qui réussissent dans ce type de test ont une pensée convergente : par le biais de cheminements déductifs, ils s'acheminent vers cette réponse unique. Au contraire, dans des tests sur l'intuition et la créativité (deux termes très souvent associés), on cherche à évaluer la capacité des sujets à produire une variété de réponses nouvelles, déployant ainsi une pensée divergente. Les réponses sont d'autant plus intéressantes qu'elles débordent d'un cadre de réflexion fixé *a priori*.

Il s'agit non plus de déduire mais de se faire confiance intimement et de proposer, imaginer, rêver, créer.

Tous ces tests ne sont pas très probants. En fait, il semble vain de vouloir comparer intelligence et créativité. Les psychologues ont longtemps postulé sur le fait que pour être intuitif, il fallait être intelligent... Pas si sûr, car certains sujets sont remarquablement intelligents et peu intuitifs. Les neurobiologistes et les psychologues se sont alors intéressés à la naissance des idées, à leur articulation et à la logique de leur production.

Les premiers psychologues ont d'abord postulé que les idées géniales et intuitives surgissaient du néant, ou même d'une inspiration surnaturelle. Erreur ! Le psychologue américain Robert Weisberg de l'université Temple, à Philadelphie, a montré qu'une telle vision est erronée et que le phénomène intuitif est le fruit d'une activité approfondie dans un domaine précis. L'intelligence intuitive demande mille connaissances. Par ailleurs les connaissances sont nécessaires mais non suffisantes, toutes les personnes très pointues dans un domaine ne sont pas pour autant des intuitifs ! Alors ? Il y a bien un processus intuitif et seuls en sont capables les esprits ayant l'esprit souple, adaptable, fureteur, rêveur, imaginatif. Ils doivent savoir laisser « flotter les rubans ».

L'activité neuronale

À l'université du Maine à Orono, le psychologue Colin Martindale a proposé une hypothèse : puisque les ressources énergétiques du cerveau sont limitées, l'activité cérébrale peut *a priori* s'organiser de deux façons. L'activation de zones corticales devrait correspondre à de bonnes performances dans des épreuves convergentes. Au contraire, une activité de vastes régions du cerveau plus faible, mais régulière, devrait faciliter la découverte d'associations imprévues.

Le psychologue Norbert Jausovec de l'université de Maribor, en Slovénie, a comparé l'activité cérébrale associée à des tâches convergentes et divergentes. Il a constaté que certaines aires cérébrales éloignées sont plus fortement couplées dans le cas de tâches divergentes. De plus, le cerveau de personnes très intuitives et créatives est globalement moins actif que le cerveau de personnes très intelligentes, mais le couplage entre différentes aires cérébrales est nettement marqué. À suivre, en espérant que cette nouvelle approche de l'intuition stimulera son étude et affirmera dans les années à venir le fait que oui, l'intelligence intuitive existe.

Chapitre 2

L'intelligence intuitive

> *« Je rassemble mes outils : la vue, l'ouïe, le goût, l'odorat, le toucher, l'esprit*[1]*. »*
>
> Nikos Kazantzaki

Et vous, comment vous situez-vous ?

Pour vous, maintenant, nous allons tenter de cerner ce qu'est l'intuition, aujourd'hui au moment où vous découvrez ce livre. Vous avez déjà manifesté un intérêt en ouvrant ce livre, alors où en êtes-vous ?

Voici quelques questions qui vous permettront de vous définir par rapport à l'intuition :

- Quand vous dites intuition, vous pensez à quoi ?
- Êtes-vous intuitif ?
- Quels sont les éléments qui vous incitent à penser que vous êtes ou non intuitif ?
- Quelles sont vos anecdotes personnelles sur l'intuition ?
- Est-ce que vous connaissez des personnes intuitives ? Si oui, à quoi avez-vous remarqué qu'elles étaient intuitives ?
- Est-ce que vous rêvez souvent ? Est-ce que vous avez déjà fait des rêves prémonitoires ?
- Avez-vous confiance en vous, en votre jugement ?

1. Nikos Kazantzaki, *Lettre au Greco*, Gallimard.

- Est-ce que votre première impression est souvent la bonne ?
- Devinez-vous facilement ce que pense quelqu'un ?
- Prenez-vous plaisir à imaginer l'impossible ? À vous créer une vision de ce que vous pourriez être dans quelques années ?
- Avez-vous besoin de beaucoup d'informations pour prendre une décision ?
- Pourquoi avez-vous acheté ce livre sur l'intuition ?
- Dit-on de vous que vous êtes attentif, sensible, à l'écoute des autres ?
- Vous arrive-t-il d'entrer dans une pièce et de sentir tout de suite l'ambiance ?
- Repérez-vous tout de suite ce qui est faux et ce qui est vrai chez un individu ?
- Voyez-vous les événements, bons ou mauvais, arriver vers vous ?
- Vous êtes vous déjà dit des phrases comme « il faut absolument que j'appelle telle personne » ou « il faut que je rencontre Jean-Marc, je ne l'ai pas vu depuis longtemps et aujourd'hui ça me semble important » ?
- Avez-vous peur de ce que vous ne pouvez pas contrôler rationnellement ?

Mesurez vos résistances face à l'intuition

Ces questions vous ont permis de mesurer vos résistances face à l'intuition.

Globalement elles viennent d'un schéma scientifique qui a fait ses preuves, reste toujours valable, mais devrait autoriser d'autres approches que la sienne. En effet, dans son désir louable d'insister sur l'observation exacte et la vérification, la science met uniquement l'accent sur le mesurable.

Mesurer quelque chose, c'est en faire l'expérience selon certains critères, d'après lesquels on peut faire des observations d'une grande rigueur, susceptibles d'être vérifiées par d'autres.

La mesure a permis à la science de faire d'énormes progrès dans la connaissance de l'univers matériel. Mais, à cause de ce succès, la mesure est devenue une sorte d'idole vénérée par une encore trop grande majorité de scientifiques (hormis tous les autres dont Einstein comme nous l'avons vu) qui rejettent tout ce qui ne peut être mesuré ! C'est une affirmation bien étrange, mais fort courante, que les choses non mesurables ne méritent pas d'être prises en considération.

Comme le dit si justement Jung :

> « *Personne ne doute de l'importance de sa vie consciente et de ses expériences, pourquoi douter alors des déroulements inconscients ? Ils sont aussi notre vie ; en eux, elle palpite autant, si ce n'est parfois plus, qu'en notre existence diurne*[1]. »

Pourquoi douter de ce dont des millions d'êtres font, chaque jour, l'expérience ? L'intuition leur ouvre soudain une porte que la plupart emprunte et pour leur plus grand épanouissement.

Les résistances de bon nombre de nos semblables face à l'intuition reposent très certainement sur des motifs d'ordre psychologique : la conscience est une des conquêtes les plus précieuses de l'homme qui a dû pour l'affermir lui consacrer de rudes efforts et un long apprentissage, d'où l'aversion de certains pour tout ce qui est dit irrationnel ou inconscient !

Mais repensons à tous les grands maîtres spirituels ou prophètes venus sur terre, dont les hommes relisent les textes depuis des millénaires : qu'il s'agisse de Bouddha, de Mahomet, de Jésus, **ne nous ont-ils pas toujours laissé le message que l'important pour l'homme était de redevenir pareil au petit enfant ?**

1. Carl Gustav Jung, *L'Homme à la découverte de son âme*, Albin Michel, 1994.

L'intelligence intuitive nous donnerait un sixième sens

Tout d'abord l'intuition ne peut fonctionner que si consciemment ou inconsciemment une question, un problème, vous occupe l'esprit, le cœur et le corps, que si vous êtes passionné par cette question.

L'intuition ne se met en route qu'à cette condition. Ceux qui affirment qu'une intuition leur est soudainement venue alors qu'ils n'avaient encore jamais pensé à cette question en particulier seront obligés de prendre conscience, s'ils y réfléchissent avec honnêteté, et s'ils s'écoutent vraiment qu'en fait, cette soi-disant question anodine les occupait tout entiers. Elle était peut-être en eux à l'état latent ou inconscient mais elle était omniprésente en eux.

Cette question peut être souvent non reconnue parce que non autorisée par l'entourage, l'environnement, le conjoint, toute personne ou toute situation gênant le sujet. Mais si le phénomène intuitif se met en route, c'est que l'individu est capable de passer par-dessus ses soi-disant gênes ou empêchements. En fait, il se sait autonome et le prouve.

L'intuition s'exprime quand on a pris l'habitude de s'écouter, quand on se fait confiance et que l'on n'a aucune réticence ou peur à descendre en soi-même pour capter la vérité d'une situation au-delà des apparences.

L'intuition relève d'une dimension profonde de l'homme, d'un sixième sens, de ce que l'on pourrait appeler **l'écoute intérieure active** qui, elle, est dégagée du tumulte émotionnel.

IDEA ou la clé de l'intelligence intuitive

Étudions ce processus intuitif sous l'angle pratique et concret. Vous avez une décision à prendre, ou bien vous devez changer d'optique, de voie, mais vous ne savez que faire, ou encore on vous demande dans votre travail d'avoir une idée géniale, de créer quelque chose, mais rien ne vient ! Vous avez la désagréable impression d'être dans une impasse, c'est le moment où jamais de faire appel à votre intuition.

I = Information : la créativité sourit à l'esprit préparé

Vous accumulez un maximum d'informations sur la question : vous lisez, questionnez, interrogez, dialoguez avec vos collaborateurs, collègues, amis, famille etc. Vous écrivez tout et n'importe quoi, faites une séance de brainstorming, vous parlez à haute voix. Bref vous réfléchissez à fond sur la question, d'une façon tout à fait logique et rationnelle.

À ce stade, certains d'entre vous peuvent aussi fonctionner d'une façon créative : ce sont eux qui seront capables de dire tout et n'importe quoi, de parler à haute voix, de faire de l'écriture automatique, de se laisser aller sur la question ou de déborder sur tout à fait autre chose, de donner de l'espace à leur imagination, à leur quasi-délire sans contrainte et avec le plus de bonheur possible.

Il y en aura très peu ; les autres, plus prudents, resteront sur un système analytique et informatif.

D = Décantation : place à l'inconscient !

Votre conscience a fait le maximum !

Aussi, vous vous en remettez à votre inconscient, qui connaît tout de l'univers et de la vie, pour qui passé, présent et avenir se situent au même niveau : l'inconscient que j'aime appeler **le vieux sage**. Demandez-lui très sincèrement de vous aider à trouver la solution. Cette démarche doit être aussi sincère et confiante que possible.

Vous fermez tous vos livres, vous arrêtez de consulter vos dossiers, vos amis, vos collaborateurs, de penser et de réfléchir. Vous passez à un tout autre type d'activités : vous allez jardiner, nager, voir un film ou un spectacle, marcher dans la nature, faire du shopping, du jogging, ou vous partez en week-end ! Vous faites l'amour, vous laissez le temps filer, tout doit être confiant, joyeux, serein, vous vous faites confiance, vous vous connaissez, du moins vous le pensez et même cette affirmation est à prendre avec humour et légèreté. Se faire confiance, c'est aussi faire confiance à la vie. Vous vous apercevez que, de temps en temps, vous pensez à la question, et même que vous trouvez encore d'autres problèmes, des solutions, qui passent devant vos yeux, comme un défilé, mais non, vraiment, ce n'est pas cela !

E = Éclair ou le facteur *Eureka*

Vous vous réveillez la nuit en criant : *Eureka* (j'ai trouvé) ou bien vous sautez de votre fauteuil tel un ressort et courez annoncer la bonne nouvelle à votre femme, ou à votre patron. Ou vous avez soudain un véritable éclair, une sorte de vision (pour ceux qui ont tendance à visualiser les choses, les événements), à moins que ce ne soient des mots qui viennent spontanément à vos lèvres.

L'illumination peut vous prendre n'importe où, alors que vous êtes en train de faire vos courses, d'emmener vos enfants à l'école, dans votre bain, etc. L'inconscient, lui, pense que c'est le bon moment et il a rarement tort !

A = Analyse : vous vérifiez votre intuition

Le meilleur moyen de vérifier que l'intuition existe est d'accepter de se tromper, lorsqu'on ne l'a pas suivie par exemple. Après avoir suivi votre intuition, vous vérifiez que vous ne vous êtes pas trompé d'après des faits, eux, très objectifs et très concrets.

Certaines personnes, et j'en suis, font ce cheminement en vitesse accélérée. Elles suivent toujours ce processus mais il va de plus en plus vite et, bientôt, elles peuvent avoir l'impression de ne fonctionner que sur le mode intuitif. En fait, elles continuent à pratiquer les quatre étapes, mais cela se fait tout naturellement, sans effort, en toute confiance.

Elles savent que leur intuition est juste, qu'elle ne les trompe que rarement, étant l'expression profonde du centre de leur être reconnecté à la source même de l'univers, au vieux sage qui est en chacun de nous.

Comme le disait Sri Aurobindo :

> « *La connaissance intuitive est un éclair qui jaillit du silence et tout est là, ni plus haut, ni plus profond, en vérité, mais juste là, sous nos yeux mêmes, attendant que nous devenions un peu plus clairs. Ce n'est pas tant la question de s'éduquer que de se libérer des obstructions*[1]. »

Il faut cependant accepter que, tout comme l'intelligence rationnelle, l'intelligence intuitive ne marche pas à tous les coups et qu'elle présente les inconvénients suivants :

- Il faut savoir accepter le risque, chaque flash ou intuition n'étant pas toujours d'une extrême pertinence.
- Il ne s'agit pas de confondre l'intuition avec le désir d'arriver à un résultat donné.
- Il s'agit d'oser dire à son entourage, à ses collaborateurs que cette décision, ce projet ont été soutenus par notre intelligence intuitive, par cette conviction interne et immédiate, mais en général on trouve toujours des arguments pour étayer la prise de décision.

Dans ce processus, on voit bien que pour que l'intelligence intuitive fonctionne, l'attitude de tout le sujet, son attention, si elle est extrême, doit dans le même temps être diffuse et balayer un vaste domaine.

1. Sri Aurobindo, *La Vie divine*, Albin Michel, 1992.

Chapitre 3

Quand je dis CROC

« La vie demande du courage et de l'humour[1] »

Gandhi

Après le concept IDEA (incubation, décantation, éclair, analyse), le processus de l'intelligence intuitive, voici un autre concept que j'appelle CROC (prononcez bien le c final, comme croquer, croque).

CROC, c'est Comprendre, Réagir, Oser et Créer

Quand, grâce à notre intelligence intuitive, nous avons trouvé ou « compris » la solution, nous allons réagir, oser, et créer. Car il ne suffit pas d'avoir des intuitions et de se servir de son intelligence intuitive, il faut l'écouter, c'est-à-dire la comprendre, puis la suivre, ce qui revient à réagir et ensuite créer, faire, donner une nouvelle impulsion à votre projet, à votre vie.

Le plus difficile ce n'est pas d'être intuitif, non ! C'est de mettre en actes concrets et réels son intuition, en ayant confiance en soi, en croyant à sa propre intelligence.

1. Gandhi, Autobiographie ou Expériences de Vérité, Gallimard, 1985.

Vous deviendrez alors des croqueurs de projets, d'idées, vous aurez des compétences autres, vous saurez vous écouter, et par là même écouter les autres et mieux les comprendre. Vous croquerez la vie comme Ève a croqué la pomme, symbole de la Connaissance, et de votre propre créativité.

À tous niveaux, pour nous êtres humains, il s'agit de créer notre existence, d'en faire un vrai tableau, que nous aurons composé nous-même.

Rappelez-vous ces deux mots, ils vont changer votre vie :
IDEA et CROC

Nous allons aborder ici les facteurs positifs et bénéfiques qui concourent à favoriser et à ouvrir l'intelligence intuitive de même que nous envisagerons tout ce qui peut inhiber et/ou occulter cette même intelligence.

Croire en soi, croire en la vie

> *« C'est une absolue perfection, et comme divine, de savoir jouir loyalement de son être. Toutes autres choses, régner, thésauriser, bâtir, n'en sont qu'appendicules pour le plus... Le sommet de la sagesse humaine et de notre bonheur est dans l'amitié que chacun se doit. »*
>
> Montaigne, *Les Essais.*

Vous avez pris maintenant conscience que, vous aussi, êtes intuitif, possédez cette capacité naturelle de sentir et d'appréhender les choses, les événements, les êtres. Pour avancer, il est essentiel d'identifier les obstacles qui vous empêchent de progresser. L'une des vérités les plus contraignantes à intégrer pour l'homme est que la vie est dure et difficile ! L'existence est en effet une route parsemée d'embûches, de douleurs, de joies et de plaisirs, loi inhérente à la dualité à laquelle tout être humain est soumis. Ceci a été démontré dans de nombreuses philosophies et plus spécialement en Orient avec le Tao. L'univers est composé du Yin et du Yang qui désignent l'aspect obscur et l'aspect lumineux de toute chose, l'aspect terrestre et l'aspect céleste, le positif et le négatif, la lune et le soleil, l'irrationnel et le rationnel, etc. C'est en somme l'expression du dualisme et du complémentarisme universel ! Dans le Yin est le Yang, et dans le Yang préexiste le Yin !

La vie est un apprentissage, notre propre apprentissage. Comme toute voie évolutive, il y a de nombreux efforts à faire, des portes à ouvrir, d'autres à fermer, des seuils de conscience à passer et à dépasser. C'est dans cette confrontation permanente aux problèmes et à leurs résolutions que la vie trouve sa dynamique et sa signification. L'essentiel, tout au long de ce parcours, est de continuer à avancer, à prendre conscience de ses potentialités et les mettre en valeur.

La vie est un long phénomène de maturation, tout comme l'intuition, qui ne peut se développer et prendre sa pleine mesure que chez des êtres qui s'acceptent et qui s'aiment. Béats et confiants, diront certains ! Non, des hommes et des femmes lucides, capables de vivre avec leurs manques, de les accepter, et d'essayer, non pas de se changer radicalement (qui le pourrait ?), mais de tendre vers un perfectionnement et une harmonie qu'ils auront su créer en eux-mêmes et qui se répercuteront très logiquement à l'extérieur.

Les facteurs qui inhibent l'intuition

Les facteurs qui inhibent l'intuition sont nombreux, mais pourraient se résumer en un seul mot : la **peur**. Peur de ne pas être aimés, peur de quitter, d'être quittés, peur de changer, peur de l'inconnu, peur de la mort, peur d'aimer ! Toutes les peurs sont avant tout des souffrances et, en ce sens, respectables, dignes d'être prises en considération. La plus grande peur ne serait-elle pas tout simplement celle de vivre ? Vivre c'est marcher, c'est être en route, et ne jamais être arrivé ! Angoissant pour la plupart d'entre nous qui attendons de la vie la même sécurité qu'un bébé d'un an dans les bras de sa mère !

L'existence est synonyme de croissance, de progression, d'évolution, de dynamisme, de changement, de créativité, et non pas d'inertie, d'immobilisme, d'attente, d'arrêt, de retranchement, de repli.

Nous n'avons nul besoin de gourou, c'est la vie qui sera notre gourou ou notre maître. Et la vie nous confronte toujours à ce que nous redoutons le plus, à ce qui nous fait le plus peur. Pourquoi ? Parce que c'est nous qui créons toutes ces situations mais c'est aussi nous, et nous seuls, qui sommes capables de les dépasser.

L'importance accordée au passé et à notre histoire

Nous sommes, tous et toutes, nés d'un homme et d'une femme qui nous ont conçus dans l'amour, dans l'indifférence, dans l'ignorance, voire dans la violence et la haine (comme dans les cas extrêmes de viol, mais puisqu'ils existent, parlons-en).

Pour la plupart, nous sommes nés entourés d'amour, de tendresse et de soins attentifs donnés par nos géniteurs. Mais pour d'autres, les premières secondes de leur existence ont été traumatisantes. Je pense à cette jeune femme, appelons-la Maryse, à qui l'on raconte périodiquement que le jour de sa naissance fut un vrai désastre puisque l'on attendait un garçon ! Et la sage-femme d'annoncer : « Regardez la belle petite fille que vous venez de faire ! » Réaction des parents : larmes de la mère, refus du père de voir l'enfant qui, pratiquement forcé par le docteur et l'infirmière, prend enfin le nourrisson dans ses bras et laisse tomber : « Dieu qu'elle est laide ! »

Beau démarrage dans la vie, bel accueil de deux êtres qui n'ont fait un enfant que pour se sentir valorisés par une « perle rare » correspondant à leurs propres critères, et dont ils auraient pu dire « C'est nous qui l'avons fait et il ne nous donne que des satisfactions », ce qui dans leur langage signifie : études brillantes, situation sociale en vue, mariage avantageux, etc. Tout ce qu'eux n'ont pas réussi et que leur progéniture, elle, se doit de réussir à tout prix, sous peine de ne pas être aimée, d'être rejetée, puisqu'elle aura trahi ce rêve et se sera révélée n'être qu'un humain tout simplement !

Les enfants n'ont pas de point de comparaison : les parents sont, pour eux, des figures quasi divines et, lorsqu'ils agissent d'une certaine manière, c'est pour eux la bonne. Pourtant l'amour est encore plus important que le modèle donné, et je connais bien des familles démunies, déséquilibrées, chaotiques où l'amour est cependant présent et réel.

■ Le début de l'histoire : nos parents

Se savoir aimé de ses parents c'est savoir que l'on a de la valeur, que l'on peut exister et être fier d'exister. Ne pas se savoir aimé de ses parents est la pire des choses pour un être humain. Je me rappelle une discussion avec le docteur Gérard Vachonfrance, psychiatre et psychanalyste : « Lorsque, dans sa prime enfance, on a eu de l'amour, on peut s'en sortir. Mais lorsqu'on n'a pas été aimé, on a vraiment très peu de chances de se sentir capable de réaliser, de faire ; ces êtres ont alors la souffrance la plus terrible pour un être humain, ils se disent : on ne vaut rien, on n'est rien ! »

Les habitudes de vie

Vous êtes comme les puces d'un ordinateur. Dès votre plus jeune âge, vous avez été programmés et, certains d'entre vous poursuivent imperturbablement le programme déterminé par les parents, la famille, la société !

Vous avez de fausses images de vous-mêmes, ainsi que des conceptions très rigides de l'existence.

Si, durant votre enfance, vous avez été entouré d'adultes anxieux, dépressifs, se sentant coupables, mal dans leur peau, vous avez acquis une image du monde totalement négative. Et vous émettez souvent ce genre de propos ou de pensées :

- Tout ce que je fais est mal.
- Je rate tout.
- Je ne suis pas assez gentil.
- Je ne serai jamais comme Untel ou Unetelle.
- Personne ne pourra jamais m'aimer.

De telles pensées ne peuvent amener que frustration et tristesse et vous entraîner dans une spirale négative.

Une fois adulte, vous reproduisez le monde émotionnel de vos parents. Ce n'est pas exceptionnel ! Nous ne connaissons que ce schéma, que cette façon d'être, d'aimer et de se comporter. Ce sera votre premier modèle et vous l'appliquerez à la ligne près ou, dans une tentative de révolte, prendrez le contre-pied total.

Les deux attitudes se rejoignent pour montrer qu'arrivé à ce stade, vous avez encore du chemin à faire pour trouver votre propre façon de vous comporter, **votre façon d'être et non plus de paraître**. N'avez-vous jamais remarqué que vous avez souvent eu un patron ou un partenaire exactement comme votre père ou votre mère, et que vous avez d'ailleurs reproduit le même genre de situations ou de relations ?

Toutes ces façons d'être, de penser, d'agir, d'exister ne sont pas vous, elles vous viennent d'autres qui, eux aussi, ont fait et font de leur mieux !

Non, la vie n'est pas un long fleuve tranquille, mais ce peut être un chemin passionnant où chaque expérience devient une leçon, un enseignement, une étape de plus à franchir.

Le travail sur soi

L'intuition, nous l'avons vu, est une extrême attention à soi-même et aux signaux émis par notre inconscient. Comment percevoir ses signaux si votre mental est constamment perturbé par des sentiments ou des émotions refoulées ?

Pour libérer l'intuition, on commence déjà par faire un travail d'analyse sur soi-même. Certains auront besoin d'un psychothérapeute, d'autres non ! Encore une fois, l'important c'est vous et ce que vous ressentez. Il ne sert à rien d'éviter vos pensées, vos émotions, vos sentiments : il ne sert à rien de vous éviter, de vous fuir, alors décidez une fois pour toutes de partir à votre rencontre et prenez rendez-vous avec vous.

J'ai fait une analyse de deux ans et je me rappelle très bien qu'assez souvent, au lieu de marquer, docteur Untel à la date du rendez-vous, je marquais mon nom, Claude Darche. Ce lapsus était très révélateur : j'avais rendez-vous avec moi-même.

L'acceptation de soi

L'acceptation de soi est la clé d'une vie harmonieuse et réussie. L'amour de soi commence avec le refus de se critiquer. Depuis des années et des années, vous vous critiquez et il n'en est rien sorti ! Alors, essayez de vous approuver et voyez ce qui se passe !

Trop ou pas assez ?

Ce sont les deux expressions à bannir de notre langage et de notre mental. Petit à petit, nous apprenons à être tout simplement, voilà quelques-uns des **trop** ou des **pas assez** les plus courants que les stagiaires expriment lors des sessions.

Je suis :

- trop vieux ;
- trop jeune ;
- trop gros ;
- trop petit ;
- trop grand ;
- trop pressé ;
- trop bête ;
- trop sérieux ;
- trop faible ;
- trop fort ;
- trop studieux ;
- trop appliqué ;
- trop gentil ;
- trop axé sur telle ou telle chose...

Je ne suis :

- pas assez beau ;
- pas assez intelligent ;
- pas assez grand ;

- pas assez riche ;
- pas assez sérieux ;
- pas assez gentil ;
- pas assez spirituel ;
- pas assez souple ;
- pas assez fort ;
- pas assez appliqué ;
- pas assez mince ;
- pas assez disponible ;
- pas assez riche...

Autre expression à rayer de notre mental et de notre langage : « Je devrais »

Lors de mes stages sur l'intuition, lorsque nous commençons à faire le tour d'une personnalité, nous en arrivons immanquablement à « je devrais » :

- Je devrais travailler davantage.
- Je devrais maigrir.
- Je devrais répondre à telle annonce.
- Je devrais m'occuper davantage de moi.
- Je devrais m'occuper davantage des autres.
- Je devrais me coucher plus tôt.
- Je devrais changer de travail.
- Je devrais sortir.
- Je devrais lire.
- Je devrais faire du sport.
- Je devrais écouter les conseils des autres.
- Je devrais passer plus de temps avec mes enfants.
- Je devrais me cultiver.
- Je devrais voyager.

- Je devrais téléphoner à mes parents, les voir...

En début de stage, je propose toujours – mais c'est un travail que vous pouvez effectuer seul – un exercice qui se révèle très utile pour la personne :

- Donnez-moi dix de vos qualités.
- Donnez-moi dix de vos défauts.

Les gens ont beaucoup de mal à se trouver dix qualités, mais en ce qui concerne l'autre liste, certains en mettraient des pages !

Et dans les défauts, on trouve toujours les **trop** ou les **pas assez**, les **je devrais**.

Six étapes à franchir

- Je devrais.
- Je pourrais.
- Si je voulais, je pourrais.
- Si je veux, je peux.
- Je peux.
- Je suis, je fais...

Si vous arrivez à franchir ces six étapes sans ressentir la moindre résistance, c'est que ce que vous énoncez vous correspond et que vous allez le faire. Tant que vous sentez la moindre résistance, c'est que vous vous trompez sur vous-même, sur ce qui est nécessaire et bon pour vous. C'est par ce procédé que peut commencer l'écoute de votre corps, de votre esprit et de votre cœur.

Prenons un exemple

- Je devrais communiquer avec les autres.
- Je pourrais communiquer avec les autres.
- Si je voulais, je pourrais communiquer avec les autres.
- Si je veux, je peux communiquer avec les autres.
- Je peux communiquer avec les autres.
- Je communique avec les autres.

Si vraiment, vous arrivez à écrire puis à énoncer à haute voix ces six phrases, c'est que vous voulez vraiment communiquer avec les autres.

Vous éprouvez réellement ce besoin si vous dites : « Je communique avec les autres. » Adieu le conditionnel, vive l'affirmation du présent, « le bel et le vivace aujourd'hui » du poète Stéphane Mallarmé !

Les croyances qui nous limitent

Nous engrangeons de multiples croyances qui sont autant de limitations que nous nous imposons et qui nous font souffrir :

- Cela ne se fait pas.
- Ce n'est pas une bonne chose.
- Ce n'est pas bien.
- Les gens normaux ne font pas cela !
- Ce n'est pas bon de se mettre en colère.
- L'amour n'est pas pour moi.
- Je ne saurais pas élever des enfants.
- C'est trop loin.
- C'est une pensée stupide.
- Cela représente trop de travail.
- Ce n'est plus la peine de changer (de travail, de mari, d'amis, etc.).
- C'est trop tard.
- Mon cas est différent des autres.

La peur du changement et de l'avenir

C'est sans conteste notre plus grande peur que l'on peut assimiler à la peur essentielle de tout individu, la peur de mourir, la peur de disparaître et de faire le grand saut dans le vide. Peur de l'inconnu, de l'après – d'ailleurs, y a-t-il un après ?

Peur pour soi de mourir et peur de voir mourir les autres qui nous laissent seuls, abandonnés, vides de leur présence, de leur corps, de leur amour.

La mort est notre seule certitude : un jour ou l'autre, nous allons mourir. Quand, où, comment ? Nul ne le sait et nul, à vrai dire, ne s'en soucie. Ce qui est insupportable pour l'homme, c'est la mort, synonyme alors d'anéantissement et d'absurdité de l'existence. C'est pourtant la mort qui donne tout son sens à la vie, qui permet à la vie d'être un processus d'évolution et de croissance. La mort peut nous permettre d'apprécier chaque minute, chaque instant, nous faire voir chaque jour comme la fête de tous les possibles.

Nous sommes de passage ici-bas. Existence transitoire, impermanente et imprévisible :

> « *Je ne chéris ni la vie ni la mort*
> *J'attends mon heure, comme un serviteur attend ses gages*
> *Je ne chéris ni la vie ni la mort*
> *J'attends mon heure établi dans l'attention et la sagesse*[1] »

ou encore :

> « *Quand la lumière de la vraie connaissance a dissipé les ténèbres de l'ignorance, quand on voit que toute existence est sans substance, on atteint à la fin de la vie une paix qui semble guérir enfin une longue maladie. Tout ce qui est stationnaire comme ce qui est mutable, est destiné à périr à la fin. Aussi sois attentif et vigilant*[2]. »

Tout être doit se séparer de ce qu'il désire et tout ce qui vit meurt un jour ou l'autre, c'est-à-dire change, évolue, se transforme !

La mort est un processus de transformation, un passage vers d'autres niveaux de conscience, une étape. Nous sommes semblables à l'univers qui bouge, se transforme, est en mutation perpétuelle. L'homme n'est pas différent de la graine semée en terre qui vient au monde, petite pousse verte pour se transformer en fleur dont les pétales se déploient lentement, s'épanouissent puis se recroquevillent quand vient le soir.

1. Jean Bourdeillette, *Les Étoiles dans la main*, Seghers, 1974.
2. Buddhacarita, XXVI, 88 ss.

Le fœtus suit ce parcours, lové dans le ventre de sa mère, il vient au monde, grandit, se développe, change constamment d'état : bébé, enfant, adolescent, adulte, homme mûr, vieillard ; et meurt, tassé, rejoignant le fœtus qu'il a été, prêt pour une nouvelle gestation et un nouveau départ dans un autre univers. J'ai toujours pensé qu'à l'heure de notre mort, c'est de la lumière qui s'élève vers l'univers, notre lumière intérieure, plus ou mois belle, plus ou moins forte, dense, légère ou lourde, notre enveloppe charnelle se réduit à néant et l'esprit prend alors toute la place et, plus que cela, il envahit et dépasse ce qui fut notre univers d'avant.

Nouveau départ que les récits des NDE (*near death experience*) viennent confirmer. Mais ce tunnel étroit et sombre qui emmène les hommes vers cet être de lumière, n'est-ce pas le chemin inverse de la naissance et cet être de lumière ne serait-ce pas nous, dans notre infinie perfection, notre essence divine, le Sage (sous quelque forme qu'il prenne) qui nous révèle la véritable dimension de l'homme, ce porteur de Lumière ? L'homme contient en lui toute la sagesse du monde, c'est pour cela qu'il est intuitif, il sait, mais il ne s'écoute que rarement, c'est là toute la différence entre les intuitifs qui passent à l'action et les autres, ceux qui mettent leurs idées en pratique, ceux que l'on pourrait appeler **les IDEAs persons.**

Avant de mourir, tous les hommes passent par le même processus. Il s'agit de cinq phases que le docteur Elisabeth Kübler Ross a bien expliqué dans son ouvrage *La Mort, dernière étape de la croissance*[1] :

■ 1 Refus de voir

Ce n'est pas vrai, ce n'est pas possible, je refuse d'y croire, etc.

■ 2 Colère

Pourquoi est-ce que cela m'arrive à moi ? C'est injuste, qu'est-ce que j'ai fait ?

1. Elisabeth Kübler Ross, *La Mort dernière étape de la croissance*, Pocket, 2002.

■ 3 Négociation

Si j'avais une autre chance, je ferais mieux.

■ 4 Dépression

Rien ne marche jamais pour moi, ma vie est un échec. J'ai tout raté !

■ 5 Acceptation

Ce n'est pas ce que j'avais prévu, mais je m'en sortirai.

Le docteur Ross continue en disant :

> « *Nous, humains, mourons sans cesse et pas seulement de la vie physique sur terre. Les étapes de l'acte de mourir que j'ai décrites s'appliquent aussi bien à tout changement significatif (retraite, changement d'emploi, de ville, divorce, etc.) et le changement se produit tout au long de l'existence humaine. Qui peut affronter et comprendre sa mort ultime peut peut-être apprendre à affronter et à traiter productivement les changements qui se produisent dans sa vie. Il faut être prêt à risquer l'inconnu, à s'aventurer en territoire étranger, pour entreprendre la quête de son propre soi, but ultime de la croissance. En s'ouvrant et en se donnant au dialogue avec les autres, on commence à transcender son existence individuelle et on devient un avec soi-même et avec les autres. On peut voir venir dans la paix et la joie la fin d'une vie ainsi engagée, sachant qu'on a bien vécu sa vie.* »

Autorisez-vous à croître !

Mettons-nous bien d'accord : un individu, quel qu'il soit, peut s'épanouir, évoluer, progresser, développer ses propres potentialités, rectifier tel ou tel comportement, mais il ne changera jamais radicalement. C'est Jung qui disait : « Que penseriez-vous d'un tigre qui ne serait pas carnivore ? » Eh oui, cela n'existe pas ! Personne ne peut devenir autre, totalement différent de ce qu'il est. En revanche, il est essentiel de devenir ce que nous sommes, en tant que personne unique dans tout l'univers. Si seulement nous pouvions prendre conscience de ce fait incroyable : aucun autre être n'est pareil à nous !

Donc ce processus de changement doit être relativisé, vous n'allez pas devenir une autre personne, vous allez devenir vous-même. C'est tout aussi difficile ! Ce sera aussi très bénéfique pour toutes les autres personnes que vous rencontrerez ou qui sont déjà dans votre sphère affective ou professionnelle : vous renoncerez à vouloir les changer et les prendrez comme elles sont et pour ce qu'elles sont, ce qui vous mettra en contact véritable avec la réalité et la personne.

Risquer l'inconnu

Au fur et à mesure que vous allez suivre votre intuition, c'est-à-dire que vous allez vous écouter et suivre votre voix intérieure, vous allez évoluer, vous transformer, passer de la chrysalide au papillon !

Et vous allez évoluer sur deux axes :

- l'un vertical, entre l'esprit et la matière, le rêve et la réalité, l'immatériel et le matériel. C'est l'axe de l'incarnation ou de la spiritualisation suivant le sens que l'on envisagera ;
- l'autre horizontal, entre le contact et le retrait, l'ouverture et la fermeture, l'échange et l'isolement. C'est garder, retenir, prendre ou donner, s'ouvrir, ressentir.

L'être humain évolue sur ces deux axes, parfois ouvert, parfois fermé, rêveur hier, aujourd'hui réaliste. L'intuition évolue entre ces deux axes d'ancien et de nouveau, d'ouverture et de fermeture, de créativité et de connu.

Esprit	Potentiel intellectuel
Rêves	Innovations, nostalgies
Retrait	Réception
Ouverture	Fermeture
Processus d'échange et d'enrichissement	Répétition de schémas
Matière	Potentiel énergétique

Le piège de la cohérence

Devenir soi-même, puisque avec l'intuition, c'est de cela qu'il s'agit, ne signifie pas être cohérent à tout prix, sans que jamais rien ne dépasse du cadre. Devenir soi-même c'est s'accepter tel que vous êtes au moment où vous êtes. Si vous êtes en phase avec vous-même, vous vous sentirez bien, décontracté, beau, positif, heureux. Si vous n'êtes pas en phase vous vous sentirez crispé, négatif, pas vraiment séduisant, malheureux, un point c'est tout. Vous accepterez le fait d'être bien ou mal. Moins on résiste à ce que l'on est à l'intérieur, mieux on se sent et plus on apprend à relativiser les états d'âme, les sentiments, les émotions tout en les vivant pleinement.

Si vous avez peur d'être seul, n'évitez pas votre solitude, rentrez dedans. Prenez la décision d'arriver tôt chez vous au lieu de traîner à l'extérieur pour vous *divertir* (au sens étymologique, *se détourner de*), ouvrez la porte et dites : « Je suis seul, je suis chez moi et cela est bien. » Pas de panique si cela n'aboutit qu'à une crise de larmes : ce peut être triste d'être quitté, d'avoir la sensation d'être lâché, abandonné ! Mais la pire des solitudes c'est de s'ennuyer avec soi-même, de ne pas aimer sa compagnie. Demain est un autre jour et la vie, des milliers d'autres jours, où tantôt vous riez, tantôt vous pleurez, parfois pour les mêmes raisons.

En fait, **la seule vraie nostalgie, c'est de ne pas avoir su vivre tous ses possibles** !

Au cours du développement du phénomène intuitif, vous connaîtrez des tensions, tensions entre des pôles d'énergie contraires : énergies de réception et d'expression de soi, énergies d'intuition et énergies de logique, énergies de maturation et de détermination.

Seul le dialogue permanent entre vos intuitions et la réalité vous permettra de modeler une vision juste, c'est en quelque sorte le principe de la tension créative.

Accepter de perdre pour gagner davantage

En suivant votre intuition, en continuant votre processus de croissance, vous allez subir des pertes. Pertes de personnes que vous aimiez et qui ne vous comprendront plus, mais vous aiment-elles vraiment si elles vous quittent sous prétexte que vous ne correspondez plus à l'image connue ou désirée ? Qu'importe ? L'approbation des autres ne sera plus essentielle pour vous ! Vous aurez compris que celui qui vous approuve approuve ses propres points de vue.

L'approbation n'est pas une marque d'amour. Si je t'approuve c'est parce que tu ne menaces pas mes convictions.

Curieusement, vous ne tomberez plus sur les « empêcheurs », ils iront chercher d'autres victimes ! Et, d'ailleurs, vous n'accepterez plus les jeux relationnels d'autrefois ! Lorsqu'on choisit l'authenticité, à quoi cela sert-il de jouer à paraître ? Votre changement intérieur se répercutera sur l'extérieur : vous rencontrerez d'autres personnes qui contribueront à votre épanouissement et vous aideront à vous réaliser.

Vous serez peut-être amené à quitter des fonctions, à lâcher prise sur des événements, des êtres, des acquisitions, pour suivre ce que vous sentez très profondément en vous. Croyez-moi, ce jour-là, vous aurez tout gagné et d'abord le respect de l'être humain que vous êtes, le respect des autres qui admireront et envieront ce que, eux peut-être, n'ont pas été capables de faire.

Sans en arriver à ces situations extrêmes, vous serez souvent amené à patienter : vos intuitions, même passées en actes, ne vous apporteront pas immédiatement succès ou force. Au contraire, il faut souvent attendre comme si, de l'intérieur, on nous testait pour voir si, malgré tout, nous persévérons ! Et après, quelle victoire !

La prise de confiance

J'aime ce terme de « prise de confiance ». C'est une décision qui ne viendra que de vous ! Plus qu'une décision, **c'est un acte**, le refus de la tristesse, des vieux schémas, de la négativité, de la déprime sous tous ses aspects ! Vous prendrez bel et bien la confiance en vous et déciderez que c'est l'outil absolument indispensable pour développer votre intuition qui n'est autre que votre propre écoute.

Devenez votre meilleur ami

Lorsque je dis à ceux qui viennent me voir : « Savez-vous quel est votre meilleur ami ? » Les gens disent oui et me citent le nom d'un de leurs proches ou me donnent des réponses de ce style : « Je ne sais pas si j'ai vraiment un meilleur ami » ou même : « Je ne sais pas si j'ai des amis, des relations oui, mais des amis... »

Je réponds toujours : **« Le meilleur ami pour vous, c'est vous ! »**

Beaucoup d'individus sont leur ennemi n° 1 de façon inconsciente et quasiment automatique. Ce sont eux qui disent : « Pourquoi est-ce que les autres m'en veulent, me font du mal, ne m'aiment pas ? »

Apprendre à dire *je*, c'est apprendre à être responsable

Ils reportent tout sur les autres : « Pourquoi est-ce que *je* rencontre systématiquement des gens qui *me* critiquent, *me* dévalorisent, *me* posent des problèmes, *me* rendent malheureux ? »

Dès que vous dites *je*, vous avez franchi un grand pas. Vous acceptez d'être responsable de votre vie, des gens que vous rencontrez, des relations que vous établissez ou non avec eux.

Vous ne subissez plus, vous choisissez !

Une fois arrivé à ce stade de votre réflexion ou de votre sentiment, dites *Stop* !

Dites-le vraiment, haut et fort : *Stop !*

Cessez d'être votre ennemi et devenez votre meilleur ami, votre plus sûr soutien.

Il n'y a aucune raison de ne pas vous aimer et de ne pas rencontrer des gens qui vous aiment, vous apprécient, vous le disent et vous le montrent.

Apprenez à être égoïste, à vous aider !

Si vous ne vous aidez pas, qui vous aidera ?

Si vous ne vous aimez pas, qui vous aimera ?

Lorsque vous avez un ami et que vous allez dîner chez lui, que faites-vous ? Pour lui faire plaisir, vous arrivez avec un petit quelque chose, un bouquet de fleurs, une boîte de chocolats, histoire de lui manifester votre affection, votre plaisir de passer cette soirée en sa compagnie. Faites de même pour vous.

Apprenez à vous faire plaisir ! Apprenez à vous aimer !

Faites la même chose pour vous, faites-vous des compliments, appréciez-vous à votre juste valeur, prenez soin de vous !

L'exercice du miroir

Cet exercice m'a été inspiré par certains procédés initiatiques. Lors de la cérémonie d'initiation, on dit au candidat :

« Regardez bien autour de vous ! Vous vous croyez peut-être entouré d'amis, de frères et de sœurs, et pourtant, au sein même de cette assemblée, se trouve votre pire ennemi. Le voyez-vous ? »

La personne regarde autour d'elle, scrute les visages des uns et des autres.

On lui demande à nouveau :

« Vous n'avez donc rien remarqué ? Mais savez-vous que votre pire ennemi est souvent derrière vous, alors retournez-vous ! »

La personne se retourne et se trouve confrontée à sa propre image reflétée par un miroir !

Très souvent, les larmes viennent alors aux yeux, tout comme une grande émotion, un sentiment de souffrance : oui, c'est vrai, nous nous faisons beaucoup de mal ! Nous nous aimons si peu et nous avons si peur !

Vous allez, vous aussi, prendre l'habitude de vous regarder dans un miroir, non par pur narcissisme, mais pour vous parler !

Quand vous prenez un miroir, cela vous permet de vous regarder dans les yeux et de vous dire des mots positifs, des mots d'encouragement et d'amour !

Je vous donne quelques affirmations positives qui vous aideront dans cette démarche :

- Je crois en moi.
- Je m'approuve.
- Je me fais plaisir.
- Je suis plein de confiance en moi et pour moi.
- J'évolue, je change, je grandis.
- J'accepte d'évoluer.

Faites ce premier test.

Comment vous sentez-vous ? Avez-vous pu répéter ces mots ? Si vous n'avez pas pu les dire ou si vous les avez dits à contrecœur, c'est qu'une résistance s'est créée. Demandez-vous pourquoi vous ne pouvez pas les dire et laissez la réponse venir tranquillement. Ne vous réprimandez pas, ne vous mettez pas de barrière, écoutez simplement ce qui se passe à l'intérieur. Apprenez à ne rien forcer en vous, juste à écouter ce qui est, ce que vous dites, pensez, sentez, éprouvez. **C'est vous et c'est l'essentiel !**

Je crois en moi

C'est un exercice qui peut sembler enfantin mais qui marche !

Tous les matins et tous les soirs, éventuellement dans la journée si votre emploi du temps ou votre travail vous le permet, prenez votre miroir et dites au moins trente fois : « **Je crois en moi, ce que je fais est bien, beau, bon, positif !** »

Les résultats sont étonnants ! Petit à petit, vous allez changer vos propres auto-instructions qui, jusque-là, se situaient pratiquement toutes dans le registre négatif du **trop** ou du **pas assez**, du **il faut que** ou **je devrais**, signes évidents de la critique et du reproche !

Plus haut dans cet ouvrage nous avons abordé le sens péjoratif du verbe *devoir*. Il a, cependant, une bien belle destination. Je pense, par exemple, aux Compagnons du Devoir, à ceux qui parcourent la France pour apprendre leur métier, construire leur vie, pour à leur tour transmettre ce qu'on leur aura enseigné. Le Devoir, dans leur conception, signifie profonde exigence par rapport à soi-même et par rapport au métier ; n'oublions pas qu'ils sont les lointains héritiers des bâtisseurs de cathédrales, des constructeurs qui, sur un plan symbolique, se disent aussi constructeurs de leur propre temple intérieur.

Devenons aussi constructeurs et bâtisseurs de notre propre existence ! Osons être nous-mêmes, osons être authentiques !

Osons nous aimer !

Voici ce que nous pourrions intituler les Droits de la personne

Tout être humain a le droit :

1. De se considérer fondamentalement comme important.
2. D'être lui-même.
3. De réussir selon ses propres critères.
4. D'être respecté et de demander du respect.
5. De demander des choses pour lui-même.
6. De s'offrir de bonnes choses pour lui-même.
7. D'exprimer ses sentiments, ses émotions.
8. De changer d'avis, de se tromper, de ne pas savoir, de rater des choses (selon les critères des autres).
9. De ne pas plaire.
10. De refuser, de dire non.
11. De ne pas prendre les autres en charge.
12. De rompre une relation.
13. De ne pas se soucier de l'avis des autres.
14. D'exiger et d'insister.

15. De ne pas se justifier.
16. De prendre son temps.
17. De parler positivement de soi-même, de ses talents, de ses capacités, de son originalité.
18. D'évoluer, de développer ses talents, de devenir complètement la personne unique qu'elle est.
19. D'offrir, d'accepter, de recevoir…

Cette liste peut heurter certaines sensibilités. Sachez cependant qu'elle ne répond qu'à une seule exigence que l'on pourrait résumer ainsi :

Aimez-vous vous-même autant qu'on vous a dit d'aimer les autres.

Si vous ne savez pas vous aimer, vous serez toujours dans l'attente, la demande et, parfois, l'exigence de l'amour de l'autre.

Qu'aurez-vous appris dans cette première phase ?

À vivre dans le présent

Le passé est ailleurs, il ne peut être changé, ne cherchez pas à en être le juge en le condamnant, ou à vous en faire l'avocat en le justifiant.

Laissez-le simplement là où il est. Regardez-le et serrez-le sur votre cœur. Ne le reniez pas, cela ne vous apporterait pas la revanche que vous attendiez. Acceptez-le comme faisant partie de vous-même. Ce n'est pas le passé, la souffrance, les événements, les gens, que vous pouvez changer mais votre regard sur le passé, la souffrance, les événements et les gens.

L'avenir se prépare ici et maintenant par une attitude d'accueil, de réceptivité, une ouverture de votre propre espace intérieur.

Je me rappelle un séminaire passionnant mais particulièrement lourd avec deux personnes très rétives. L'une d'elles n'arrivait même pas à s'allonger et à respirer calmement en posant les mains sur son ventre, en écoutant l'inspir et l'expir, le va-et-vient de son souffle. Se laisser aller lui semblait le pire des dangers ! À un moment, la voyant en proie à une véritable angoisse assurément très douloureuse pour elle, je l'ai prise dans mes bras. Elle s'est mise à pleurer très doucement, puis par gros sanglots et je lui disais juste :

« Tout est bien, tout s'arrange. » Quelques instants plus tard, elle m'a dit : « Oui, je crois que tout est en train de s'arranger. » Quelle victoire sur elle-même ! Tout le séminaire en a été complètement transformé, comme revivifié !

Cultivez l'amour, aimez-vous, devenez votre meilleur ami, ayez une attitude d'accueil et d'ouverture ! Envisagez l'impossible, l'irréalisable ! Ce que vous pensez impossible et irréalisable maintenant ne le sera peut-être plus dans quelques années. Revenez en arrière. Quelle idée vous faisiez-vous de la vie à 18 ans, à 30, à 40 ? Il y a des tas de choses que vous pensiez possibles et qui ne sont pas réalisées et à l'inverse de multiples autres choses que vous pensiez impossibles et qui se sont réalisées. Il en est de même aujourd'hui.

Dites oui à la vie. Que savez-vous d'elle, pourquoi limitez-vous ainsi son champ d'action ? Ne pensez-vous pas qu'il est temps de laisser votre être profond, celui qui est en connexion immédiate avec la source de l'univers décider ?

C'est un véritable devoir que de s'aimer et de s'aider !

Savourez votre existence, vivez ce premier rayon de soleil qui vient vous caresser la joue. Appréciez ce nuage noir qui, tout à coup, assombrit le ciel et viendra crever en grosses gouttes sur la terre sèche. Jouissez de ce beau matin d'été où vous voilà tous réunis. Appréciez votre solitude, appréciez la convivialité des réunions amicales.

Vous rappelez-vous votre premier flocon de neige lorsque, le nez collé à la fenêtre, vous sautiez de joie en criant à tue-tête « il neige, il neige ! » ?

Conservez toujours votre spontanéité d'enfant, ne vous laissez pas entamer par les pertes, les peines. Bien sûr, et je vous l'ai déjà dit, la vie est difficile, mais c'est aussi pour cette raison que nous l'aimons. L'homme est ainsi fait, il aime ce qu'il a du mal à gagner. Quel plaisir peut-on trouver dans la victoire acquise d'avance ? Aucun !

Luttons pour conserver notre sourire au lieu de nous battre pour garder nos larmes et nos souffrances. Considérons la vie comme un bienfait, comme une expérience merveilleuse qui, quelque part, nous échappe !

La science nous apportera de multiples explications, nous permettra d'accomplir de grands bonds en avant, mais jamais elle ne nous donnera la réponse à ce qui est essentiel : la vie, la mort, la naissance, le sens de l'existence, etc. Seul l'homme trouve dans son cœur la réponse et chaque individu peut avoir la sienne.

La vie est une merveilleuse aventure, un champ d'expériences incroyables. Dans la vie, il y a déjà la mort et dans la mort se trouve la vie ! Ne nous prenons ni pour un ver de terre ni pour Shiva ou Brahman, cela est tout aussi ridicule. Non, ne nous prenons que pour des hommes et nous aurons déjà bien avancé.

Savourons l'existence de la manière conseillée par William Blake, dans ces quatre vers, extraits des *Augures de l'innocence* :

> « *Voir le monde dans un grain de sable*
> *Le paradis dans une fleur sauvage*
> *Tenir l'infini dans le creux de sa main*
> *Et l'éternité dans une heure*[1]. »

La vie est un tout !

L'homme a les pieds sur terre et la tête dans le ciel. Il vit entre terre et ciel, entre le carré et le cercle. L'homme est un pont entre le matériel et le spirituel, entre conscient et inconscient. Il est le seul être capable d'avoir ces deux dimensions.

Ne séparez rien, rassemblez, considérez la vie comme une globalité et prenez le tout ! L'homme est à la fois la goutte et le fleuve.

Ce qui est à l'intérieur est comme ce qui est à l'extérieur. Toutes ces réflexions sont issues d'une très vieille philosophie, de préceptes de sagesse qui font aujourd'hui partie d'un patrimoine commun à tous les individus.

1. William Blake, *Augures de l'innocence*, Gallimard.

Socrate ne disait-il pas « Connais-toi toi-même et tu connaîtras l'univers et les dieux » ? Ou bien Hermès Trismégiste « Ce qui est en haut est comme ce qui est en bas » pour nous montrer que l'homme, le microcosme, est semblable au macrocosme, l'univers.

Si l'homme est capable de se connaître, d'être attentif à lui-même et comme le dit le mot *intuition*, de se porter une extrême attention et de tourner son regard vers l'intérieur, alors il tirera de sa propre compréhension et appréhension une connaissance bien supérieure : celle de l'univers tout entier.

C'est en considérant la globalité des événements, des êtres, des choses c'est-à-dire en les gardant entiers que l'on aborde le mieux ces mêmes événements, individus ou choses. Si nous sommes soumis à la dualité, il est également dans notre humaine nature d'être capable de la dépasser, voire de la transcender.

Si l'homme part de la terre, il tourne régulièrement son regard vers les cieux étoilés. Il se sent et se sait relié au divin, et, en cela, selon l'expression de Mircea Eliade, il est un être religieux. Seul être parmi toutes les espèces à avoir accès à d'autres niveaux de conscience, à sublimer, à élever son âme et son esprit vers l'ineffable : le Sans Nom. L'homme n'est pas un être achevé, il est un être perfectible, en marche, prêt à aller vers sa destinée : *deviens qui tu es !* Voilà la devise de l'homme, voilà son travail et voilà son honneur !

Chapitre 4

Les techniques pour libérer l'intuition

« *Explorer l'inconscient, travailler dans les sous-sols de l'esprit avec des méthodes spécialement appropriées, telle sera la tâche principale de la psychologie dans le siècle qui s'ouvre. Je ne doute pas que de belles découvertes l'y attendent, aussi importantes peut-être que l'ont été dans les siècles précédents celles des sciences physiques et naturelles*[1]. »

Carl Gustav Jung

Le sommeil

Tôt levé, tôt couché, voilà le secret de l'homme sage ! Bien dormir est un moyen naturel pour développer son intuition. Ne dit-on pas, dans le langage populaire, que la nuit porte conseil ?

Nous dormons en moyenne huit heures par nuit, ce qui représente environ un tiers de notre vie (environ vingt-cinq ans en soixante-quinze ans d'existence). Pour Pierre Fluchaire, l'un des meilleurs spécialistes du sommeil, mieux dormir signifie deux choses essentielles :

- respecter ses rythmes intérieurs ;
- apprendre à répartir son sommeil en plusieurs tranches au cours de la journée.

1. Carl Gustav Jung, *Commentaire sur le Mystère de la Fleur d'or*, Albin Michel, 1994.

Respectez votre rythme de sommeil !

Bien dormir, c'est bien se réveiller. Une règle simple, toujours la même : vous écouter ! Allez vous coucher quand vous avez sommeil et réveillez-vous quand vous n'avez plus sommeil.

Une règle que tous les animaux connaissent d'instinct et que l'homme respecte rarement : on nous a tellement seriné que, justement, il ne fallait pas s'écouter !

Deux siècles avant Jésus-Christ, on trouve dans *L'Ecclésiaste* :

> *« Il y a un temps pour chaque chose*
> *Un temps pour semer et un temps pour récolter*
> *Un temps pour naître et un temps pour mourir*[1] »

L'homme suivait alors les cycles de la nature, les rythmes de la lune et du soleil, du jour et de la nuit, le rythme des saisons et le rythme des âges de la vie. Aujourd'hui, nous ne vivons qu'en fonction des montres, du journal télévisé, de la réunion ou de la conférence professionnelle, etc. et nous ne savons même plus quel est notre rythme.

Les rythmes perturbés font des gens perturbés aussi bien physiquement que psychiquement, ceux dont on dit qu'ils ne tournent pas rond (alors que la terre, elle, tourne rond) et dont l'horloge interne est détraquée !

Le sommeil pluriel

Nous sommes tous différents et nous avons tous des cycles de sommeil variables. Vous dormez en fait autant de cycles que votre cerveau vous le demande, autant d'heures dont votre organisme a besoin pour récupérer.

La moyenne pour un être humain est de huit heures de sommeil : le cycle biologique humain fondamental est d'environ deux heures et le besoin moyen étant d'environ quatre cycles par vingt-quatre heures. Certains auront besoin de six heures de sommeil (soit trois cycles) alors

1. *La Bible d'Alexandrie. 18. L'Ecclésiaste.* Traduction du texte grec de la Septante, introduction et notes par Françoise Vinel. Paris, Les Éditions du Cerf, 2002.

que d'autres ne seront vraiment en forme qu'avec leurs dix heures (soit cinq cycles). Il se peut aussi qu'en certaines occasions comme le week-end ou les vacances, vous ayez besoin de récupérer et de passer de trois à quatre cycles pour revenir, au bout de quelques jours, à votre rythme normal.

Sachez prendre le train du sommeil

Écoutez les messages que vous délivre et vous manifeste votre corps :

- le bâillement qui donne le signal d'un relâchement du corps et de l'esprit ;
- la tête lourde, le muscle de la nuque ne la porte plus : elle s'abaisse puis remonte lorsque l'on réagit au fameux coup de pompe ! Ne dit-on pas que l'on pique du nez ou que l'on n'a plus les yeux en face des trous ?
- les yeux pleurent ou nous piquent (comme si nous avions du sable dans les yeux) : c'est l'heure du marchand de sable !

La sagesse serait alors de se dire : « Mon sommeil arrive, je vais me coucher. » Au lieu de cela, nous redonnons un bon coup d'accélérateur, du style : « Il faut que je me secoue, je ne vais pas me coucher comme les poules ! »

Apprenez à respecter votre rythme intérieur, votre heure d'endormissement et, sinon, dites-vous que le train du sommeil ne repassera que dans deux heures !

Apprenez à dormir dans la journée

Pas facile, me direz-vous. Et pourtant, ces pauses vous apprendront à récupérer vite et bien, à mettre un turbo à votre intuition !

Le sommeil flash : quelques secondes

Lorsqu'un problème occupe votre esprit, que vous cherchez une nouvelle voie, ou que vous êtes lancé dans un processus créatif, vous pouvez avoir des périodes de sommeil flash comme si votre cerveau éprouvait le besoin de se ressourcer. C'est aussi le moment, même en si peu de temps, pour lui de récupérer, lorsque vous êtes obligé de veiller ou de rester lucide : l'exemple du barreur sur son voilier.

■ La pause parking : quatre à cinq minutes

Cinq minutes de repos en ondes alpha vous permettent de mettre votre esprit au repos et d'y voir plus clair en vous réveillant. C'est bien de faire marcher à tous crins son esprit de raisonnement et de logique, mais c'est aussi essentiel d'aller naturellement se reconnecter dans l'univers cosmique où voyage notre esprit en toute quiétude ! Excellent pour l'hémisphère droit qui, durant la pause parking, fait jaillir des idées créatives et imaginatives.

■ La tranche de sommeil : vingt minutes

La sieste est très bénéfique : elle permet, après le déjeuner, d'être en pleine forme, de retrouver vitalité et entrain pour le reste de la journée. Vers 18 ou 19 heures, cette petite tranche de sommeil vous aidera à affronter une soirée difficile ou même distrayante mais qui risque de se finir tard dans la nuit.

Excellente pour l'intuition qu'elle favorise !

Ah si seulement nous avions la sagesse de mettre ces phénomènes de sommeil en route, nous aurions au cours de notre journée de travail, réponse à presque toutes nos interrogations !

Voyage au pays du sommeil

Notre nuit de sommeil est découpée en cycle, chaque cycle (de 90 à 130 minutes suivant les individus) comprenant cinq phases.

La première phase du sommeil : l'endormissement, les ondes alpha

La température du corps baisse, le rythme cardiaque ralentit, la respiration devient plus lourde. On peut dormir sans même le réaliser, c'est la phase **alpha**, les quelques instants qui précédent l'endormissement ou le réveil. À ce stade, on est légèrement conscient, bien installé sur notre lit.

Cette phase **alpha** est l'un des moments les plus importants de notre journée. C'est là où peuvent apparaître vos plus belles idées, vos meilleures intuitions : les décisions à prendre, les objectifs à atteindre, le chemin à prendre... tout nous paraît simple et, qui plus est, c'est réel. C'est le bon moment pour poser une question à votre inconscient qui va immédiatement l'enregistrer et commencer durant cette période alpha à mettre en place tout un programme de recherche pour trouver la meilleure solution pour vous et pour vous seul !

Pourquoi s'en priver ? Nous voilà en plein cœur du processus intuitif et de sa réelle simplicité. **Demandez et vous obtiendrez** !

À savoir

Grâce à l'électro-encéphalogramme, appelé couramment EEG dans les milieux scientifiques, on sait que ces ondes alpha ont une fréquence de 7 à 14 hertz ; une amplitude de 100 microvolts. Elles correspondent à l'état de conscience intériorisée, de calme sensoriel et mental, de relaxation profonde physique et psychique. C'est un moment d'intense ressourcement, comme si notre psyché allait puiser à je ne sais quelle matrice originelle une parcelle d'énergie cosmique et revitalisante ! Cet état dure environ vingt minutes.

La deuxième phase : le sommeil léger

Le sommeil léger peut être assimilé à la somnolence. À ce stade, le sommeil est facilement coupé, mais on est conscient d'avoir dormi. On se réveille et on se rendort facilement. On se souvient de ses rêves, on peut même les identifier, le matin surtout.

À savoir

Les ondes **thêta** ont une fréquence de 4 à 7 hertz, une amplitude de 200 microvolts. Elles correspondent à cette phase de sommeil léger. Elles sont utilisées en chirurgie dans le contrôle de la douleur et l'on sait qu'elles facilitent les perceptions extra-sensorielles.

■ La troisième phase : le sommeil profond

À ce stade du sommeil, on plonge dans un sommeil relativement profond qui dure environ trente minutes. On se souvient très difficilement de ses rêves et l'on est en ondes **delta.**

À savoir

Les ondes delta ont une fréquence de 4 hertz, une amplitude de 200 microvolts. Elles caractérisent l'état d'inconscience.

■ La quatrième phase : le sommeil très profond

Durant cette phase, on dort très profondément. L'expression dormir comme une souche exprime bien cette inconscience totale que nous subissons à ce moment-là ! Il est très difficile de se réveiller et on ne peut pas se souvenir de ses rêves. Les ondes delta sont aussi caractéristiques de ce type de sommeil.

■ La cinquième phase du sommeil : le sommeil paradoxal, le rêve

En 1953, à Chicago, deux chercheurs américains (Aserinsky et Kleitman) d'un laboratoire de recherches sur le sommeil, constatent, après environ une heure et demie de sommeil chez un patient, que les pulsations électriques émises par le cerveau du dormeur et recueillies par l'électroencéphalographe se mettent à vibrer très rapidement sur le papier comme lorsque le sujet est à l'état de veille ou est sur le point de s'endormir. Ils crurent que l'homme s'était réveillé mais, en allant vérifier, ils constatèrent qu'il dormait au contraire très profondément.

Deux ans plus tard, Michel Jouvet, responsable du célèbre laboratoire de recherches sur le sommeil à l'université Claude-Bernard de Lyon, identifie cet état comme celui du rêve. Il fut un pionnier dans ce domaine et il se souvient de ce moment décisif où il s'aperçut que lors du sommeil, le sujet physiquement inactif pouvait être cérébralement actif : « J'ai compris que j'étais tombé sur un continent inconnu ! » dira-t-il, encore émerveillé de sa découverte.

Pourquoi sommeil paradoxal ?

Pierre Fluchaire explique dans son ouvrage *La révolution du rêve* le sens de cette terminologie :

> « *La mise en évidence de ces phases de grande activité cérébrale durant des périodes en principe dévolues au sommeil fut évidemment très surprenante ; car si notre cerveau est éveillé (et même très éveillé), pendant ces tranches de sommeil, paradoxalement, notre corps, lui, est encore plus profondément endormi que pendant le sommeil très profond : d'où le nom de sommeil paradoxal*[1]. »

Au cours de l'Évolution, le sommeil paradoxal est apparu, il y a plus de cent millions d'années, chez les homéothermes (les oiseaux et tous les mammifères). De nouvelles structures cérébrales seraient-elles apparues ? On sait que le néocortex est une acquisition des mammifères. On sait moins qu'une partie du cerveau postérieur, où est situé le réseau du sommeil paradoxal, s'est également fortement développé, en même temps que le néocortex.

De la même manière, il a été démontré que nous rêvons pour trois raisons : parce que nous sommes des mammifères, parce que nous dormons et parce que nous nous sentons en sécurité. Et d'ailleurs, plus nous nous sentons en sécurité, confiants, disponibles et ouverts, plus nous nous souvenons de nos rêves !

Le sommeil paradoxal est précieux, vital, bien que pour un adulte, il n'occupe qu'un peu moins du quart du temps de sommeil total. Mais lorsque, pour une raison quelconque, l'homme est privé même partiel-

1. Pierre Fluchaire, *La Révolution du rêve*, Dangles, 1991.

lement de ce sommeil paradoxal, la nature s'arrange (dès qu'on ne la contrarie plus) pour rattraper ce type de sommeil qui peut alors occuper plus des trois quart du temps total du sommeil (et même quelque fois la totalité).

Les états physiologiques du sommeil paradoxal

Vous allez constater combien cette phase de sommeil est particulièrement dévolue au ressourcement de l'individu, comme il est branché sur lui-même et uniquement sur lui-même tout en étant connecté à je ne sais quelle source universelle qui fait jaillir de véritables étincelles de feu chez notre dormeur. On pourrait intituler cette partie **« tempête sous un crâne »**.

- Pendant ce temps de sommeil paradoxal, nos sens, antennes et capteurs qui nous relient à notre environnement et nous apportent des informations, sont quasi totalement débranchés et l'on peut ainsi être entièrement tourné vers soi-même sans être dérangé, pour être à l'écoute de soi-même et libérer son intuition, fort puissante dans ces tranches de sommeil.
- Notre corps est paralysé, sauf les extrémités des mains et des pieds, et la face. En état de sommeil paradoxal ou de rêve, on est en état de détente physique totale et une substance très puissante nous est inoculée par notre propre cerveau qui bloque les commandes motrices et nous immobilise : sinon, nous vivrions effectivement, physiquement notre rêve.
- Des phénomènes curieux se produisent dont on ne connaît pas encore la raison :
  - des mouvements oculaires rapides : nos pupilles vont de gauche à droite et de droite à gauche, et aussi de temps en temps de bas en haut et de haut en bas ;
  - une excitation des organes sexuels pour la femme comme pour l'homme, chez le nouveau-né comme chez le vieillard.
- Un orage cérébral se déclare (je reprends là les explications de Michel Jouvet) : une hyperstimulation du cerveau mesurée par des microélectrodes, qui révèlent que 70 à 80 % de nos neurones ont une hyperactivité qui dépend d'une sorte de pacemaker situé dans le tronc

cérébral (partie qui relie notre cerveau à la moelle épinière). On peut la mesurer de manière très précise par le débit sanguin, la surconsommation d'oxygène, le volume du cerveau qui augmente lors du rêve, etc. La température du cerveau au début de chaque tranche de sommeil paradoxal monte soudain au-dessus de la température de l'état de veille. Cette chaleur du cerveau de l'humain en train de rêver implique un taux élevé de métabolisme cérébral, ce qui est essentiel à la vivacité de l'esprit et à l'intelligence.

Tout cela démontre que le rêve n'est nullement un sous-état d'hypoactivité du cerveau ; c'est, au contraire, un état de vie cérébrale et psychique intense ! Et pendant cet orage cérébral, ajoute Pierre Fluchaire, ***il y a des éclairs d'hyper-lucidité,*** ce que j'appellerai pour ma part des **éclairs d'intuition fulgurants !**

Le sommeil paradoxal : l'état privilégié du fœtus

Jean-Louis Valatx, directeur de recherche à l'Inserm et auteur de plusieurs ouvrages dont *Approche génétique de la relation sommeil-apprentissage*, nous révèle des choses étonnantes sur la vie du fœtus : l'étude polygraphique *in utero* montre que le fœtus passe par un stade où le sommeil paradoxal est la seule forme de sommeil, occupant 90 % du temps total. On en a donc déduit un rôle dans l'organisation cérébrale au cours du développement. Il est classique d'observer chez les étudiants une augmentation du sommeil paradoxal en période d'examen où la mémoire est très sollicitée. Chez l'animal, l'apprentissage d'un conditionnement qui met en jeu sa survie (évitement actif ou recherche de la nourriture) s'accompagne d'une augmentation très significative de la durée du sommeil paradoxal.

Sans sommeil paradoxal, il est donc possible d'apprendre mais beaucoup plus lentement. Chez les poissons et les reptiles, espèces qui n'ont pas de sommeil paradoxal, l'acquisition d'un conditionnement nécessite de très nombreuses séances. Chez les mammifères, le néocortex donne à l'individu des capacités accrues d'analyse des informations. Le sommeil paradoxal serait un mécanisme auxiliaire, accélérant leur stockage définitif, libérant pour l'éveil suivant de nouvelles possibilités d'analyse et de stockage temporaire.

La mémoire de l'humanité

Selon toutes ces observations, le rêve et le sommeil paradoxal seraient le moment privilégié où s'exprimeraient ***la mémoire de l'espèce*** et ***les composantes innées de la personnalité***. Chez l'adulte, la persistance d'une durée minimale de sommeil paradoxal maintiendrait l'activité de ces réseaux.

Les deux hypothèses précédentes sont complémentaires : au cours du rêve, se rencontreraient les deux mémoires, la mémoire acquise (nouvelle et ancienne) et la mémoire génétique pour ne retenir que des éléments significatifs et les incorporer dans les réseaux existants. À la suite d'une situation nouvelle, préoccupante ou problématique, l'augmentation du sommeil paradoxal serait le reflet de cette rencontre et de la recherche d'une solution. Ainsi, au cours de l'éveil, le cerveau est prêt à réagir d'une façon mieux adaptée si la situation devait se renouveler.

Mais où est donc passé le temps ?

Pendant le rêve, la notion du temps disparaît. Et d'ailleurs, un enfant ne commencera à raconter ses rêves que vers 4 ou 5 ans à l'âge où il acquiert la notion du temps (avant, après, hier, aujourd'hui), lui permettant de distinguer l'éveil du rêve.

Sans repères chronologiques, les souvenirs évoqués dans le rêve sont mélangés, aboutissant à des associations souvent incongrues. Si un problème préoccupe la personne, il apparaîtra en rêve, mélangé à d'autres souvenirs ou images. Ce mixage constituera un scénario qui pourra se reproduire tant que le problème ne sera pas résolu.

La prédominance de l'hémisphère droit

Pendant le sommeil paradoxal, on a observé que le corps calleux, ensemble des fibres unissant les hémisphères droit et gauche du cerveau, est silencieux. Autrement dit, les hémisphères fonctionnent indépendamment l'un de l'autre et donc l'imagerie onirique provient de l'un ou de l'autre cerveau. L'observation des petits mouvements faciaux du rêve met en évidence une prédominance du cerveau droit (émotions, reconnaissance des formes, des visages, etc.).

Le rêve

> *« Il faut dormir, les yeux ouverts, il faut rêver avec les mains...*
> *Il faut rêver à haute voix, il faut chanter jusqu'à ce que le chant s'enracine, tronc, branches, oiseaux, astres.*
> *Il faut rêver jusqu'au passé, jusqu'à la source, remonter les siècles en ramant au-delà de l'enfance, au-delà du commencement.*
> *Il faut désenterrer la parole perdue, rêver vers l'intérieur, vers l'extérieur*[1]*... »*
>
> *Ottavio Paz*

Le rêve est la voie royale de l'inconscient, et l'inconscient est la source même de l'intuition. Chaque nuit, nous plongeons dans un océan de souvenirs, de réminiscences, de symboles et d'archétypes. Chaque nuit, nous en apprenons un peu plus sur nous, sur ce que nous sommes, sur nos peurs, nos angoisses, nos frustrations, nos blocages mais également sur nos désirs, nos potentialités, nos aspirations. Puisque nous croyons au soleil et à ses bienfaits, pourquoi ne pas croire à la lune et à ses sortilèges ?

Nuit où je plonge et où je me ressource, nuit où je reprends contact avec la mémoire de l'humanité, nuit où je m'abreuve et me nourris à la Grande Mère cosmique, nuit qui révèle le jour, notre jour !

Comme le dit si bien Jung :

> *« Le rêve est une porte étroite, dissimulée dans ce que l'âme a de plus obscur et de plus intime ; elle ouvre sur cette nuit originelle cosmique qui préformait l'âme bien avant l'existence de la conscience du moi et qui la perpétuera bien au-delà de ce qu'une conscience individuelle aura jamais atteint... Par le rêve, nous pénétrons dans l'être humain plus profond, plus vrai, plus général, plus durable, qui plonge encore dans le clair-obscur de la nuit originelle où il était un tout et où le Tout était en lui, au sein de la nature indifférenciée et impersonnalisée... Jamais je n'ai pu, en*

1. Ottavio Paz, *À la limite du monde*, poèmes, Gallimard, 1999.

dépit de tout le scepticisme et des critiques qui s'agitaient en moi, me résoudre à ne voir dans les rêves qu'une quantité négligeable. Quand ils nous paraissent insensés, c'est nous qui sommes insensés, privés selon toute apparence, de cette finesse d'esprit nécessaire pour déchiffrer les messages énigmatiques de notre être nocturne. Personne ne doute de l'importance de la vie consciente et de ses expériences ; pourquoi douter alors de la signification des déroulements inconscients ? Ils sont aussi notre vie ; en eux, elle palpite autant, si ce n'est parfois plus, qu'en notre existence diurne[1]... »

Le rêve est sans conteste le meilleur moyen de se connaître, un moyen à la portée de tous les hommes, une structure vitale qui existe pour notre meilleur équilibre. Le rêve révèle la situation intime du rêveur, situation dont le conscient ne veut rien savoir, ou dont il n'accepte la vérité et la réalité qu'à contrecœur.

Notre véritable personne nous plaît rarement : nous aimerions mieux donner telle ou telle image. Cessons de tricher et redécouvrons le merveilleux langage symbolique du rêve, il ouvre grand les fenêtres de notre intuition et de notre évolution.

Le rêve est également une réaction contre tout ce qui nous enferme, nous rétrécit, nous conditionne, nous contrarie, nous réduit, ou nous fait souffrir. Si la vie dite consciente, la vie diurne, par la présence des autres humains, les différentes obligations sociales rendent l'homme contingent, le rêve lui rend sa vie individuelle, personnalisée, la vie de son être propre.

De quelques idées fausses sur le rêve

En premier lieu, chassez de votre esprit que l'état de rêve n'est qu'un état, une activité transitoire, plutôt exceptionnelle, presque anormale, n'intervenant que de temps à autre dans notre sommeil !

1. Jung, *L'Homme à la découverte de son âme*, Albin Michel, 1994.

Comme nous l'avons déjà vu avec Jung, nous avons deux sortes de pensée : le rêve et la pensée dirigée, et c'est cette dernière, la pensée réfléchie, dite normale, qui est momentanée. Au colloque de Cordoue, *Science et Conscience*, en 1979, qui rassembla des savants et des philosophes du monde entier, André Virel (président de la société internationale des techniques d'imagerie mentale) rappelait la notion de *continuum onirique* :

> *« [Dans le sommeil paradoxal] la pensée onirique s'écoule à l'état pur et constitue toute la pensée. À l'état de veille son écoulement nous est masqué par l'émergence d'une pensée construite qu'elle sous-tend. En état de veille détendue, la pensée onirique devient accessible à la conscience vigile*[1]. »

Dans ce domaine, la science occidentale rejoint maintenant les plus vieilles philosophies hindoues ou bouddhistes : ce n'est pas la pensée logique qui domine dans l'être humain.

Relisons encore Bergson. Lors d'une conférence qu'il donna en 1901 sur le rêve, il dit :

> *« Tu t'imagines que pour entendre un chien aboyer et pour comprendre que c'est un chien qui aboie, tu n'as rien à faire ! Erreur profonde ! Tu donnes, sans t'en douter, un effort considérable. Il faut que tu prennes ta mémoire entière, toute ton expérience accumulée, et que tu l'amènes par un resserrement soudain à ne plus présenter au son entendu qu'un seul de ses points, le souvenir qui ressemble le plus à cette sensation et qui peut le mieux l'interpréter : la sensation est alors redécouverte par le souvenir. Il faut d'ailleurs que tu obtiennes l'adhérence parfaite, qu'il n'y ait pas le plus léger écart entre eux (sinon tu serais précisément dans le rêve) ; cet ajustement, tu ne peux l'assurer que par une attention ou plutôt par une tension simultanée de la sensation et de la mémoire... Ta vie à l'état de veille est donc une vie de travail, même quand tu ne crois rien faire, car à tout moment tu dois choisir, et à tout moment exclure.*

1. Colloque de Cordoue, *Science et Conscience de l'homme*, Collectif, Climats, 1994.

Tu me demandes ce que je fais quand je rêve ? Je vais te dire ce que tu fais quand tu veilles. Tu me prends, moi, le moi des rêves, moi la totalité de ton passé, et tu m'amènes, de contraction en contraction, à m'enfermer dans le très petit cercle que tu traces autour de ton action présente. Cela c'est veiller, c'est vivre de la vie psychologique normale, c'est lutter, c'est vouloir. Quand au rêve, as-tu besoin que je te l'explique ? C'est l'état où tu te retrouves naturellement dès que tu t'abandonnes, dès que tu négliges de te concentrer en un seul point, dès que tu cesses de vouloir… où est la différence essentielle entre le rêve et la veille ? Nous nous résumerons en disant que les mêmes facultés s'exercent, soit qu'on veille, soit qu'on rêve, mais elles sont tendues dans un cas, relâchées dans l'autre. Le rêve est la vie mentale tout entière moins l'effort de concentration[1]. »

Le rêve : l'activité créatrice par excellence

La création du rêve est différente de celle de l'état de veille parce qu'elle est beaucoup plus puissante.

L'un des attributs principaux de notre inconscient est de créer. Nous l'avons vu, au chapitre 1, les découvertes importantes ont toujours leur source dans notre inconscient et elles sont toujours le fruit de ruminations inconscientes qui les préparent : la grande force du rêve est de les faire apparaître, de les propulser dans le conscient.

Un très grand nombre de pensées créatrices, d'idées novatrices, de découvertes, d'inventions, d'innovations, trouvailles reposent en chacun de nous ; seul le rêve peut aller les pêcher dans notre grand océan intérieur. C'est là que se mettent en route le processus intuitif et la créativité. On pourrait définir la créativité comme la mise en action de l'intuition.

Il nous faut apprendre à prendre au filet ces poissons de l'esprit et de l'imaginaire que le rêve ramène de manière très éphémère en surface, au risque de les voir disparaître à tout jamais !

1. Henri Bergson, *L'Énergie Spirituelle*, Flammarion, 1999.

Ce merveilleux pouvoir créateur nous concerne tous puisque nous l'avons tous en nous ! Nous avons besoin d'être créatif pour nous-même, pour notre famille, notre travail (quelle que soit notre activité). Contrairement à ce que la plupart des gens croit, la créativité n'est pas le résultat de la pensée attentive, précise, concentrée qui provient d'un effort ; elle jaillit de la pensée globale, vagabonde, errante, rêveuse. Einstein qui n'hésitait pas à dire que « ***l'imagination est plus importance que la connaissance*** », a réalisé ses trois plus grandes découvertes, non pas attelé à son bureau ou dans son laboratoire, mais dans des circonstances très différentes :

- l'une alors qu'il jouait du violon (elle lui a valu le Prix Nobel) ;
- la deuxième (l'espace-temps) en rêvant ;
- la troisième (la relativité) alors qu'il écoutait les oiseaux dans la nature et essayait de les imiter !

Ces trois exemples sont un encouragement à rêver, à devenir un visionnaire, un voyant au sens noble du terme !

Le rêve est une porte qu'il suffit de pousser dans notre propre être intérieur pour trouver la solution à tous nos problèmes !

Le rêve comme déclencheur de l'intuition

C'est très simple et très efficace ! Les choses élémentaires sont en effet très efficaces mais malheureusement, bien souvent, on les néglige à cause justement de leur évidence – d'où l'axiome « pourquoi faire simple lorsque l'on peut faire compliqué ? ».

Si vous avez un problème à résoudre, une nouvelle orientation à prendre, un choix à faire quel que soit le domaine de votre vie, demandez à votre inconscient de résoudre ce problème grâce à vos rêves.

Vous allez non seulement vous écouter durant la phase diurne de votre personne, mais également durant la phase nocturne. Le rêve, c'est aussi l'écoute et la vision intérieure.

- Si vous n'avez jamais communiqué avec votre inconscient, cela vous demandera plus de temps. Votre inconscient n'est nullement un esclave à votre service, c'est un ami, et même plus, c'est Vous dans votre sagesse supérieure, Vous en tant qu'être cosmique et divin,

Vous avec votre dimension humaine dans ce qu'elle a d'universelle et d'unique.

- Pour que le problème qui vous occupe ait le plus de chance d'être résolu, il faut qu'il ait déjà été « travaillé à l'état de veille ». Il faut que vous accordiez de l'importance à votre question, que cela soit quelque chose d'essentiel pour vous, que vous y ayez mis déjà une grande énergie. L'intuition n'est pas la spontanéité, et le processus intuitif ne se déclenche que si la question est fondamentale !

On ne joue pas avec son inconscient, on ne le trompe pas ! Si vous vous moquez éperdument de la question que vous lui posez ou si vous n'y attachez qu'une importance toute relative, il fera exactement comme vous et vous répondra d'une façon vague ou incompréhensible.

Respectez votre inconscient, il vous respectera !

Ayez confiance en votre inconscient en lui posant une question fondamentale pour vous comme vous le feriez avec un ami, et lui aussi, comme le véritable ami qu'il est pour vous, vous donnera une solution, un conseil, un flash intuitif qu'il ne tiendra qu'à vous de mettre en pratique !

- Posez à votre inconscient une question claire et précise et, si besoin, écrivez-la jusqu'à ce qu'elle vous semble correctement formulée. Faites comme Thomas Edison qui, chaque soir juste avant de se coucher, dressait la liste des problèmes qu'il voulait résoudre grâce à son rêve la nuit suivante. Pour ma part, je préfère la formuler à haute voix. Là encore, c'est une question de ressenti.
- Avant de vous coucher, mettez-vous dans une pièce calme où personne ne vous dérangera et posez votre question à votre inconscient en le remerciant par avance de la solution qu'il vous donnera. Si vous sentez la moindre résistance en posant la question, c'est que ce n'est pas la bonne question. Pour que l'inconscient réponde à la sollicitation, la sollicitation doit correspondre à un investissement profond de votre être. Si vous préférez poser votre question mentalement et en étant couché, faites-le ! L'essentiel est d'entrer en communication avec votre inconscient et d'entamer un dialogue aussi fructueux que possible !

Le plus important dans cette technique du rêve réside toujours dans la confiance accordée à notre inconscient. L'anglais R. L. Stevenson, au siècle dernier, sollicitait son inconscient quelques instants avant de s'endormir pour qu'il lui procure de bien meilleures histoires que celles qu'il avait pu concevoir uniquement avec l'imagination de son conscient. C'est grâce à cette méthode qu'il rédigea son célèbre roman : *L'Étrange cas du Dr Jekyll et Mr Hyde.*

- Si votre inconscient ne répond pas immédiatement, et c'est bien souvent le cas, recommencez en lui accordant toujours la même confiance ! Vous avez le droit de douter de vous, mais jamais de lui ! Si votre question n'obtient pas de réponse, c'est qu'elle n'est pas capitale pour vous ! Pourquoi vous mentez-vous ?

J'ai retenu un exemple exceptionnel de solution donnée par l'inconscient pour vous montrer jusqu'à quel point, si nous le voulons et si nous y croyons de toutes nos forces, la réponse de nos jours viendra de nos nuits. L'assyriologue Herman Hilprech travaillait dur au déchiffrage d'une inscription se trouvant sur des fragments déterrés. Finalement, il crut trouver une solution et la publia, bien qu'il n'en fût pas tellement satisfait. Une nuit, il eut le rêve suivant : la silhouette d'un prêtre assyrien lui apparut, lui raconta toute l'histoire des fragments et lui montra comment il fallait les assembler pour pouvoir lire facilement l'inscription. Le jour suivant, Hilprech assembla les morceaux dans l'ordre indiqué. Il put alors déchiffrer facilement l'inscription et elle lui confirma ce que le prêtre lui avait dit et montré en rêve[1].

Comment se souvenir de ses rêves ?

De très nombreuses personnes disent ne pas se souvenir de leurs rêves. En général, elles ne veulent pas s'en souvenir et se protègent pour ne pas faire venir au conscient des situations trop pénibles ou trop douloureuses pour elles.

1. Columbia encyclopédie, 2008.

Certains rêves peuvent aussi apparaître comme effrayants et ne donnent aucune envie de réitérer la même expérience la nuit suivante ! Si tel est votre cas, dédramatisez votre rêve : vous êtes dans un monde symbolique qui utilise des images chocs pour justement vous réveiller et vous montrer le nœud de votre problème ou de votre recherche.

Si vous ne vous souvenez pas de vos rêves, changez votre état d'esprit : envisagez cette phase nocturne de votre vie comme une partie aussi importance que votre phase diurne, comprenez que cette activité est destinée à vous aider, à résoudre vos problèmes, vos conflits, vos souffrances. Comprenez que le rêve vous aidera à mettre à jour vos dons, vos potentialités, vos capacités, qu'il est une mise en lumière de notre personne et de notre être profond, de ce que Jung a appelé le processus d'individuation.

Les procédés pour renforcer le souvenir de vos rêves

- Tenez un journal de vos rêves, un cahier spécialement réservé à cet effet, où vous les noterez scrupuleusement, même si vous ne les comprenez pas objectivement. En y revenant plus tard, vous serez étonné de la justesse de leur signification et de leur contenu symbolique. Ne dites surtout pas : cela ne veut rien dire, c'est idiot ! C'est plus justement que vous n'êtes pas encore prêt à décrypter votre rêve, le message que l'inconscient vous envoie. Faites-vous confiance et laissez faire : la réponse viendra ! Contentez-vous d'enregistrer et d'y croire !
- Placez près de votre lit un magnétophone ou un bloc et un crayon pour enregistrer vos rêves à l'instant de votre réveil.
- Discutez de vos rêves avec d'autres personnes pour développer votre conscience du fait que vous rêvez.
- Adoptez un truc pour faciliter la remémoration de vos rêves. Par exemple, avalez une gorgée d'eau au moment de vous endormir. Avalez une autre gorgée d'eau au réveil et le rêve vous reviendra en mémoire.
- En vous endormant tous les soirs, suggérez-vous que vous accorderez attention à vos rêves et que vous vous en souviendrez à votre réveil.

- Éveillez-vous en douceur : ne sautez pas hors du lit, ne vous asseyez pas. Essayez de passer vos rêves en revue, puis prenez votre magnétophone ou votre bloc et votre stylo pour en prendre note.
- Appréciez la valeur de votre hémisphère droit dans la remémoration vive de vos rêves (couleur, thème et action).
- Trouvez un partenaire, un ami, avec lequel discuter de vos rêves et des siens régulièrement.

Le rêve orienté

Le savant anglais, Charles Mac Creery, de l'institut de recherches psychologiques d'Oxford nous dit :

> « *Les possibilités sont énormes de vivre en rêve ce que l'on veut. Notre cerveau est capable de beaucoup de choses qui ne sont pas encore exploitées aujourd'hui*[1]. »

Et selon Peter Walden, fondateur de la Haute École de l'Interprétation des rêves :

> « *Il ne fait aucun doute que chaque personne peut provoquer des rêves déterminés, être le scénariste de ses rêves*[2]. »

La rêverie orientée est une technique ancestrale qui consiste à solliciter ses rêves pour qu'ils soient utiles. Des écrits datant de 3 000 ans avant J.-C. et contenant des formules rituelles à cet usage le prouvent. On a retrouvé des formules semblables dans tout l'Orient : les Assyriens avaient une prière spéciale réservée à cet effet afin d'orienter leurs rêves. Les rêves étaient considérés comme une aide précieuse et divine pour mieux vivre et mieux être. Dans le langage symbolique et archétypique, l'individu demandait à la divinité de lui envoyer une vision, un

1. Charles Mac Creery, Extrait de conférence sur le thème : une vie nouvelle, un monde nouveau, Oxford, 1986.
2. Peter Walden, *Interprétations de rêves d'hommes et de femmes*, Ariston, Genève, 1983.

rêve, qui l'orienterait dans son choix ou lui permettrait de mieux orienter son existence. C'était aussi une façon pour les mystiques d'entrer en relation avec le divin.

Le rêve éveillé

Le rêve éveillé est un acte libérateur qui permet à l'inconscient de s'exprimer et de s'affirmer, de laisser monter les flots d'images, de souvenirs, de réminiscences mais aussi d'émotions et de sentiments. C'est une excellente technique pour libérer son intuition.

Allongez-vous tranquillement ou asseyez-vous confortablement, fermez les yeux et laissez votre rêverie vous envahir. Vous allez partir sur une image (imaginez que vous êtes une fleur, un arbre, un animal, un objet, une autre personne, etc.) puis d'autres associations vont venir et vous exprimerez tout cela à voix haute. Je vous conseille de vous enregistrer. Vous serez étonné du résultat !

C'est, en outre un excellent moyen pour se relaxer et évacuer les problèmes de la journée ou pour chercher des idées neuves !

Exemple de rêverie éveillée

Témoignage

> Je vois une fleur, elle est belle, rouge comme un coquelicot dans un champ de blé. J'aime le rouge, il me rappelle un manteau que ma grand-mère portait et que je trouvais absolument magnifique. D'ailleurs la première voiture que j'ai achetée était rouge. Et si cette fleur, c'était moi en train de m'épanouir, en train de m'ouvrir. Une fleur rouge, cela évoque l'amour, la passion, la rencontre de deux individus, la flamme, la sexualité. J'aimerais rencontrer quelqu'un, avoir une belle histoire d'amour, j'aurais envie d'être comme cette fleur rouge qui rayonne sous le soleil d'été, etc.

Ce type de rêverie éveillée est active et créative.

Le rêve éveillé dirigé

Le rêve éveillé dirigé est une technique mise au point par le Suisse Robert Desoille. Une séance de rêve éveillé se déroule dans la pénombre avec un groupe de six ou sept personnes maximum. Les participants s'installent confortablement, de préférence allongés sur le dos. La séance peut durer entre une demi-heure et deux heures. L'animateur joue le rôle de guide. Il ne rêve pas mais propose des images aux participants. Les premières images sont très neutres, elles sont destinées à rassembler le groupe dans un espace imaginaire commun. Puis l'animateur introduit subtilement des images rattachées au problème à traiter, et le groupe intègre ces images dans son rêve. Un observateur discret prend des notes au fur et à mesure. À la fin de la séance, l'animateur ramène progressivement le groupe à la réalité.

Cette technique est utilisable pour tout problème d'une certaine importance pour lequel on dispose d'un budget temps suffisant.

C'est une méthode qui, dans une entreprise, permet de rassembler un groupe sur un projet et qui fait tout autant appel à l'intuition qu'à la créativité.

La rêverie libre

Vous pouvez aussi autoriser votre esprit à errer sans but, librement, vers le passé ou vers le futur. Visualisez les images aussi nettement que possible. Appréciez les chemins qu'emprunte votre rêverie éveillée. Renversez-vous un instant dans votre fauteuil et fixez l'espace. Fermez les yeux ou concentrez-vous sur un objet intéressant et laissez-vous aller.

Rêvez en regardant les nuages, le ciel, en laissant vos yeux se poser sur un objet, sur une couleur, sur une autre personne. Rêver sans but et sans objectif défini est une méthode qui favorise la mobilisation de notre hémisphère droit.

La rêverie éveillée, en plus d'être un plaisir, est nécessaire à votre santé, à votre bonheur, à votre intuition et à votre créativité. Cette technique vous permet de réduire votre stress et d'aller vers de véritables visions, des anticipations que peut-être vous ne réaliserez jamais, mais cette anticipation exprime une idée originale. Vous aurez dans l'avenir tout loisir de l'écarter, mais aussi de la conserver ou encore de l'améliorer.

La relaxation

La relaxation est une excellente technique pour se ressourcer et favoriser la mise en route du processus intuitif.

Vous pouvez commencer par vous allonger tranquillement sur la moquette, un tapis ou mieux l'herbe tendre du jardin. Dénouez tout ce qui serre, gêne et entrave votre corps et par là même votre respiration. Faites quelques petites respirations avant de commencer la respiration ventrale qui petit à petit vous mettra dans un état de relaxation, parfois proche du sommeil.

Il se peut même que vous vous endormiez lors des premières séances mais, petit à petit, vous vous habituerez à cette détente et apprendrez à garder une certaine vigilance, pour pouvoir, par la suite, faire vos formulations personnelles ou si vous préférez la programmation mentale de votre cerveau.

Durant tout cet exercice, vous êtes en ondes alpha et thêta, qui se caractérisent par des états de phase d'endormissement ou de sommeil léger.

Le réflexe conditionné de détente immédiate

Cet exercice vous permettra peu à peu de produire instantanément une « réponse-relaxation » que vous soyez debout, assis ou couché et dans n'importe quelle situation de stress, de fatigue, ou de tension émotionnelle ou affective.

Asseyez-vous ou allongez-vous, puis fermez les yeux ; serrez les doigts de votre main gauche si vous êtes droitier, inversement si vous êtes gaucher et pensez mentalement : **« Chaque fois que je serrerai mes doigts de cette manière, je me trouverai immédiatement en état de totale relaxation. »** À présent mettez-vous en ondes alpha, et pensez, tout en serrant les doigts : **« Chaque fois que je ferai ce geste, quelle** que soit la position de mon corps, debout, assis ou couché, les yeux ouverts ou fermés, je retrouverai instantanément l'état dans lequel je suis maintenant. »

L'entraînement des deux hémisphères du cerveau

Je vous conseille d'enregistrer le texte qui suit et d'écouter la cassette (dont vous n'aurez peut-être plus besoin après une vingtaine de séances). Cet exercice donne des résultats étonnants pour le développement de l'intuition ainsi que pour la bonne coordination des deux hémisphères de notre cerveau.

Exercice 1 : familiarisez-vous avec votre hémisphère droit

Vous commencez toujours par l'exercice de relaxation et de respiration, réflexe conditionné de détente immédiate, puis l'exercice proprement dit dont voici le texte :

Témoignage

Je porte mon attention sur mon œil droit, je l'imagine dans la tête, je vois sa forme, sa situation dans l'espace. Je regarde maintenant vers le haut et vais voir mon hémisphère droit vu de dessous. J'en devine la forme, la couleur, les circonvolutions, les vaisseaux sanguins. Je prends conscience de cet hémisphère droit dans tous ses détails. Petit à petit, je le laisse devenir translucide, presque transparent. Je ne vois plus que les cellules qui le constituent. Je vois apparaître mes neurones, cinquante milliards de neurones, qui sont comme autant d'étoiles dans mon ciel intérieur. Je découvre la moitié de ma galaxie. Chaque neurone devient une étoile qui scintille dans ma tête droite. Chacune de ces étoiles est douée de mémoire, de multiples fonctions, de connaissances, d'actes, de réflexion. Chacune de ces étoiles est un micro-ordinateur fabuleux que je découvre maintenant dans ma tête. Chacune contient des connaissances universelles que la plupart du temps j'ignore, car elles restent plongées toute ma vie dans l'obscurité de mon inconscient. Pourtant, ces connaissances existent en moi et je vais essayer peu à peu d'en devenir conscient. Chacune de ces étoiles est capable d'imagination, de créativité et d'intuition. Je vais essayer de réveiller en moi ces trois fonctions fondamentales que mon éducation et mon instruction ont refoulées, mises de côté, voire rejetées. Je réalise que l'imagination est une force intérieure remarquable. Je comprends que l'intuition est un éclair de mon inconscient qui est mon meilleur guide. Je sais que la créativité est mon intuition mise en action.

Je vais essayer d'imaginer avec mes étoiles intérieures droites que je réalise un désir dans l'avenir. Je vais mettre dans mes cellules un programme positif de réalisation future. Je me vois sur un écran mental dans l'avenir, cela se passe ici et maintenant dans mon cerveau droit. Je vois que je réalise mon souhait, je vis la scène dans tous ses détails…

Je vois le lieu, les gens, les couleurs, les formes… J'emplis toutes mes cellules du cerveau droit de ce vécu réel…

Je prends tout mon temps pour vivre mon succès, je me baigne littéralement dans mon succès…

Restez ainsi deux ou trois minutes.

Témoignage

Je laisse partir toute image, j'abandonne l'image de mon ciel étoilé droit et j'essaie pendant quelques instants de ne penser à rien, de faire le vide mental.

Je serre les doigts encore une fois et je pense :

Témoignage

Chaque fois que je ferai ce geste, je serai immédiatement détendu comme maintenant.

Ensuite, lentement, très lentement, vous reprenez contact avec ce qui vous entoure, et restez un moment tranquille avant de vous remettre à vos occupations habituelles.

■ Exercice 2 : entrez en relation avec votre hémisphère gauche

Vous recommencez votre séance par les mêmes exercices : respirations, relaxation, réflexe conditionné de détente immédiate. Puis vous écoutez le texte suivant qui s'adresse à l'hémisphère gauche de votre cerveau :

Témoignage

Je me concentre sur mon œil gauche, je l'imagine, j'en prends entièrement conscience. Je tourne mon regard vers le haut et je découvre mon cerveau gauche. J'en vois la couleur, la forme, les circonvolutions... Cet hémisphère devient à son tour translucide et ne laisse plus apparaître que ses cinquante milliards de neurones, comme autant d'étoiles. Je découvre ma demie galaxie gauche, chaque neurone brille dans ma tête. Cela ressemble au ciel d'une nuit chaude d'été, où je vois les étoiles de la voie lactée. Chacune d'entre elles est capable de mémoire, de connaissances, d'actes et de réflexions. Les cellules que je vois sont surtout spécialisées pour mes activités logiques, rationnelles, pour ma vie matérielle, ainsi que pour le langage articulé.

Je prends parfaitement conscience de mon cerveau gauche... Je laisse partir les étoiles et imagine que je suis devant un tableau noir sur lequel j'écris mon nom, mon prénom et mon adresse. Je fais cela avec mon cerveau gauche. Je peux aussi écrire une liste de mots comme par exemple : rivière, montagne, village, glacier. Je vois bien cette liste écrite sur le tableau noir. Je prends une éponge et efface le mot rivière. Aussitôt j'imagine une rivière connue ou non, cela n'a aucune importance. En imaginant cette rivière, je stimule mon cerveau droit ; je fais de même avec le mot village ou montagne.

En pratiquant un tel exercice, vous produisez une stimulation bilatérale de votre cerveau, l'intuitif et le logique... Prenez tout votre temps pour cet exercice.

Lorsque vous avez terminé cet exercice, serrez les doigts et pensez :

Témoignage

> Chaque fois que je ferai ce geste, je serai immédiatement aussi détendu que maintenant.

Pendant quelques instants, essayez d'arrêter le fil de vos pensées, de faire le silence mental. Ensuite, revenez très tranquillement à vos occupations du moment.

■ Exercice 3 : votre cerveau est un tout

Vous commencez toujours par la même préparation : respirations, relaxation, réflexe conditionné de détente immédiate.

Cet exercice vise à vous faire prendre conscience de la **globalité de votre cerveau** et s'adresse plus particulièrement **au corps calleux**, le câble qui relie l'hémisphère droit et l'hémisphère gauche, composé de quelque deux cents millions de terminaisons nerveuses.

Témoignage

> Je pense fortement à mon cerveau. J'en imagine la forme dans sa totalité, je réalise qu'il est responsable de toutes mes fonctions vitales, de même que de mes pensées, de mes sensations, de mes actes et de ma mémoire. Je réalise que mon cerveau me permet d'être conscient de ma propre existence. Je suis un être humain vivant, je prends conscience de la vie en moi. Je sens ma respiration calme et régulière qui se fait par mon ventre, je sens mon cœur battre dans ma poitrine, je sens le sang qui circule dans tout mon corps. Je prends conscience de mon corps et de la vie en moi...
> J'apprécie cette vie... En ce moment, des milliards de cellules travaillent pour maintenir cette vie... En réalité, je ne suis pas une vie mais des milliards de vies, chaque cellule est en soi un être complet, une vie... J'apprends à aimer mes cellules, mes organes, mon corps. J'apprends à contrôler ces cellules qui travaillent jour et nuit pour me maintenir en vie... Je réalise que souvent, sans m'en rendre compte, à cause de mes mauvaises habitudes, j'intoxique, j'empoisonne ces cellules par la manière dont je me nourris, fume, bois, prends des médicaments ou des drogues. Je vais essayer d'être plus attentif au processus prodigieux de la vie en moi, d'avoir plus d'amour pour ces êtres qui m'habitent... En apprenant à

m'aimer moi-même, j'apprends en même temps à aimer les autres... à les accepter... à les comprendre.

J'imagine que j'ai devant moi un petit soleil qui se rapproche de moi. Il devient de plus en plus petit pour arriver au centre de mon front. Cette petite lumière pénètre dans ma tête et commence à tourner à toute vitesse autour de mon cerveau. Je la suis du regard. Peu à peu, mon cerceau est entouré d'un halo de lumière, il devient lumière. La petite boule de soleil, après avoir tourné autour de tout le cerveau, se fixe au centre du corps calleux, juste au milieu de ma tête. Je médite sur cette lumière intérieure... Je laisse partir la lumière et essaie pendant quelques instants de ne penser à rien. Je fais le vide mental...

Serrez les doigts et pensez :

Témoignage

Chaque fois que je ferai ce geste, je retrouverai instantanément la détente que j'ai maintenant.

Doucement, très doucement, revenez au monde habituel. Vous pouvez même bâiller et vous étirer. Retournez à vos occupations habituelles.

Exercice 4 : Entrez en contact avec votre cerveau

Installez-vous comme d'habitude, fermez les yeux et faites votre réflexe conditionné de détente immédiate.

Mettez vos deux mains sur votre tête et doucement, commencez à caresser votre cerveau à travers votre crâne tout en lui disant des mots de confiance, d'amour comme ceux-ci (vous pouvez aussi trouver les mots qui vous correspondent et que vous aimerez mieux employer) :

Témoignage

Tu es la source de ma vie, j'aimerais mieux te connaître, mieux travailler avec toi, mieux entrer en communication avec tes extraordinaires connaissances, mieux t'utiliser pour vivre au mieux. Je sais que tu peux m'apprendre à mieux gérer ma vie, à être plus heureux, à contrôler mes fonctions, mes sécrétions, mon système immunologique.

Je réalise que les deux fonctions de mes hémisphères sont essentielles. Je souhaite qu'elles coopèrent mieux ensemble, que l'hémisphère droit insuffle son génie créatif à l'hémisphère gauche qui, à son tour, donnera de la logique et permettra la réalisation de toutes mes intuitions.

Si vous établissez régulièrement ce contact avec votre cerveau, vous en sentirez très vite le résultat notamment en ce qui concerne le développement de l'intuition.

Le focusing

Le docteur Eugène Gendlin, professeur de psychologie à l'université de Chicago, a mis au point une méthode appelée focusing, qui porte le même nom que son ouvrage expliquant cette technique :

> « *J'appelle focusing le fait de prendre conscience d'une perception physique interne particulière. Cette perception, je la nomme le sens corporel... Un sens corporel n'est pas une expérience mentale, mais une expérience physique. Je dis bien physique. C'est la conscience physique d'une situation, d'une personne ou d'un événement. Le sens corporel ne se présente pas sous forme de mots, de pensées, ou d'un autre élément distinct. Il se présente comme un sentiment physique unique, bien que souvent déconcertant et très complexe*[1]. »

Pour Eugène Gendlin, nous emmagasinons des milliards de données dans notre cerveau, mais surtout dans notre corps. Pour lui, le corps est un ***ordinateur biologique*** qui produit une immense série de données et vous les livre instantanément sur votre demande ou selon qu'un événement extérieur l'exige. Le cerveau, selon lui, ne pourrait emmagasiner autant de détails et nous les livrer avec autant de célérité.

1. Eugène Gendlin, *Le focusing*, Éditions de l'Homme, 2006.

La sagesse du corps

Le focusing implique un mouvement vers l'intérieur, par lequel la personne sonde son moi le plus profond, le plus sage, son corps.

La marche à suivre : six étapes pour écouter ce qui se passe au-dedans de nous !

1 Dégager un espace

Soyez seul et mettez-vous dans le silence. Prenez le temps de vous détendre. Rentrez en vous et centrez votre attention sur un point de votre corps, le plus souvent le ventre ou la poitrine. Découvrez ce que vous ressentez à cet endroit particulier lorsque vous vous demandez : « Comment vont les choses pour moi ? Qu'est-ce qui compte le plus moi actuellement ? Quelle orientation dois-je prendre ? »

Voyez ce que vous éprouvez dans votre corps. Laissez les réponses se former lentement. Si vous éprouvez de l'inquiétude, ne vous laissez pas emporter par elle. Prenez du recul et reconnaissez cette inquiétude sans la dramatiser : laissez un peu d'espace entre votre émotion et vous. Puis, allez un peu plus loin, et demandez-vous ce que vous éprouvez d'autre. Attendez et continuez à vous écouter : plus d'une émotion va monter !

2 Laisser venir le sens corporel

Parmi les différentes émotions que vous avez éprouvées, choisissez un problème personnel sur lequel vous désirez employer le focusing. N'entrez pas au-dedans du problème. Prenez du recul. Concentrez-vous sur l'endroit de votre corps où vous éprouvez habituellement des émotions (le plexus, l'estomac, les intestins, le cœur, etc.) et vous pourrez y trouver une perception globale de votre problème. Prenez le temps de ressentir cette perception vague et globale.

■ 3 Trouver une prise

Quelle est la qualité de ce vague sens corporel ? Laissez un mot, une expression ou une image se former à partir du sens corporel lui-même. Il peut s'agir d'un qualificatif comme *serré*, *désagréable*, *pénible*, *nerveux*, *bloqué*, etc., d'une expression ou d'une image. Concentrez-vous sur votre sens corporel jusqu'à ce que vous trouviez le terme approprié.

■ 4 Faire raisonner

Confrontez votre sens corporel avec le mot, l'expression ou l'image que vous avez trouvé. Voyez s'ils s'harmonisent.

Soyez très concret : dites le mot ou visualisez l'image, puis sentez votre sens corporel : les deux s'accordent-ils bien ? Le mot – ou l'image – est-il juste ?

Si le mot ou l'image s'accorde bien, vérifiez-le plusieurs fois en revenant à votre sens corporel. Si le sens corporel se transforme, soyez-y attentif. Lorsque votre mot ou image s'accorde parfaitement avec votre sens corporel, éprouvez-en l'effet pendant une minute.

■ 5 Interroger

Posez-vous la question : qu'est-ce qui dans le problème tout entier, me rend si… ?

Si vous êtes bloqué, posez-vous les questions suivantes :

- Quel est le pire dans tout cela ?
- Qu'est-ce qui est pénible dans mon sentiment ?
- De quoi ai-je besoin pour me sentir bien ?
- Qu'est-ce qui devrait se passer ?

Ne répondez pas ; attendez que votre sentiment se transforme et vous fournisse une réponse.

- Comment me sentirais-je si tout était réglé ?

Laissez votre corps répondre.

- Qu'est-ce qui m'empêche de me sentir bien ?

6 Accueillir

Acceptez ce qui vient même s'il ne se passe pas grand-chose. C'est une nouvelle façon d'envisager les choses et vous allez peu à peu vous laisser aller à cette écoute intérieure du corps.

Soyez heureux que votre corps vous parle. Vous en êtes au tout début de la résolution de votre problème. Maintenant, vous savez où est logé votre sentiment, vous pouvez vous arrêter pour y revenir plus tard.

Protégez-le des voix critiques qui cherchent à vous interrompre.

Votre corps est-il prêt pour un nouveau cycle de focusing ou pouvez-vous facilement vous arrêter là quitte à reprendre plus tard ?

L'écoute active du corps

Cette méthode est utile et novatrice pour entrer en contact avec son intuition. Notre corps, c'est nous, et il est aussi là pour nous aider à trouver des solutions, à être créatif. Les signaux du corps vous paraîtront, au début de votre apprentissage-focusing, pratiquement inexistants et, cependant, vous vous apercevrez qu'après une telle séance, vous vous sentez relaxé, décoincé au physique comme au mental.

Après plusieurs séances axées sur le même problème, les signaux émis par le corps deviendront plus précis et vous permettront de gérer au mieux votre question.

Le focusing, ce n'est nullement se parler à soi-même : au lieu de vous parler à vous-même de l'extérieur, vous écoutez ce qui émerge de l'intérieur de vous. Vous demandez à votre corps et non à votre mental une solution. Je vous conseille même au début d'éviter de répondre : vous allez sortir les sempiternelles phrases que vous connaissez par cœur, et la solution n'est pas là, puisque votre problème, lui, est toujours présent !

Le focusing va vous apprendre à faire confiance à votre corps, à comprendre que s'il peut vous envoyer des messages de détresse ou de mal-être par la maladie, il peut également vous donner des messages qui contribueront à votre changement et à votre évolution.

Je pratique le focusing depuis des années et je peux vous dire que mon intuition s'en est trouvée renforcée : on se trompe rarement lorsque l'on sait s'écouter tant dans son corps que dans son esprit !

Au lieu de me mettre à analyser un problème, je prends conscience du sens corporel de ce problème. Je me mets dans un état de réceptivité et, au travers des différentes étapes précédemment décrites, j'appréhende la question dans sa globalité, puis je saisis le nœud, le centre de cette question, puis ce qui se trouve en dessous, et encore en dessous. J'utilise ainsi le focusing étape par étape jusqu'à ce que la réponse trouvée me satisfasse complètement.

L'écriture automatique

L'écriture automatique fut remise au goût du jour par les surréalistes du XXe siècle. Elle consiste à se mettre dans un état de relaxation dynamique propice, se donner un mot initial, volontairement choisi ou aléatoire, et d'écrire sans arrêt, pendant un temps donné, d'où la libération de chaînes associatives dont la lecture à tête reposée nous étonne toujours nous-même.

Ce qui s'écoule dans le message automatique (appelé aussi par les surréalistes *dictée intérieure*) comme dans une hémorragie de langage, c'est ce qu'André Breton, un des pionniers de ce mouvement, appelle *la merveilleuse partition* et Georges Hugnet, *l'impérieuse voix d'outre-mémoire* : une parole essentielle, primordiale, à la fois organisée et libre, qui se manifeste au-dedans du sujet et lui échappe, qui le révèle sans l'expliquer.

Écrivez dans le micro

À l'aide d'un magnétophone, partez du problème que vous avez à résoudre et parlez-en sans vous interrompre. C'est l'équivalent verbal de l'écriture automatique.

Fixez-vous un temps minimal de cinq minutes et, pendant tout ce temps, parlez sans vous arrêter. Faites-le dans l'isolement pour éviter d'être perturbé ou de désorienter la ou les personnes qui vous écouteraient inopinément. Remettez la bande au début, écoutez-la lentement en arrêtant chaque fois que des idées créatives, des flashs d'intuition, vous viendront à l'esprit.

Quelques séances axées sur un même problème vous permettront de le régler d'une manière originale, auquel le raisonnement logique ne vous aurait peut-être pas conduit.

Les associations d'idées

Partez d'un premier mot et, sans vous arrêter, écrivez trente associations d'idées. Dans ce genre d'exercice, ce qui compte ce n'est pas la qualité mais la quantité : il s'agit de débrider l'hémisphère droit de votre cerveau et de le laisser s'amuser autant qu'il lui plaira. Peu à peu, tout en continuant à s'amuser, il vous donnera des idées nouvelles, des intuitions destinées à vous faire prendre le chemin qui vous convient et vous permettra de vous épanouir.

Prenons un exemple

Témoignage

Porte : ouverture, fermeture, lumière, soleil, jour, nuit, maison, bureau, seuil, Jerusalem, temple, sacré, profane, clé, serrure, ami, soutien, naissance, mort, ciel, enfer, Dante, magie, secret, silence, écoute, accueil, expérience, derrière, devant, dehors, dedans, etc.

Vous pouvez faire ce même exercice avec tous les mots qui vous viennent à l'esprit et même évoquer des sons, des souvenirs, des images, des impressions, etc.

Voici quelques suggestions :

- Travail
- Ordre
- Justice
- Effort
- Liberté

- Détente
- Facilité
- Recherche
- Apprendre
- Lumière
- Erreur
- Vie
- Amour
- Sagesse
- Animal...

Le roman

Il s'agit d'inventer un roman, une histoire.

Cette technique peut se faire en petits groupes de cinq à six personnes. L'animateur désigne un participant qui s'invente un personnage et lance un récit. Chaque participant intervient et doit à tour de rôle continuer le récit jusqu'à ce qu'une conclusion, une fin, soit donnée.

Ne cherchez surtout pas à être cohérent, laissez votre créativité et votre liberté s'exprimer.

Souvenez-vous du merveilleux film *Out of Africa*, dans lequel l'héroïne séduit et subjugue Robert Redford en lui contant une histoire. La règle est ainsi faite : c'est lui qui donne la première phrase et elle doit continuer. Faites le test, en commençant par la première phrase qui vous vient aux lèvres ou que quelqu'un vous donne, sans vous prendre au sérieux, comme cela juste pour le plaisir, la joie d'être là ensemble. Exemple : « Il arriva par un beau soir d'été alors que Fanny fêtait ses 20 ans... » À vous la parole, l'originalité, le rêve et surtout ne vous arrêtez pas en disant : « c'est ridicule, c'est mauvais ! » Et alors ? Continuez et vous verrez que c'est un exercice très révélateur de votre état d'esprit, de votre conscience et bien sûr de votre inconscient.

Des images et des mots

Pensez à un mot, notez-le. Fermez les yeux et notez mentalement toutes les images que vous suggère ce mot. Ouvrez les yeux, écrivez une phrase, la plus précise possible, à propos des images que vous avez vues. Fermez les yeux, entendez les sons, les voix, les harmonies ou cacophonies liées à l'image que vous avez décrite. Ouvrez les yeux et écrivez le titre du morceau de musique classique ou contemporaine que vous venez de « composer » dans votre tête. Fermez les yeux, imaginez différentes surfaces végétales ou animales que caresse votre main. Ouvrez les yeux et notez le nom d'une personne avec qui vous pourriez éprouver le même type de sensations, etc.

La communication non verbale

À l'intérieur d'un groupe, choisissez comme partenaire la personne que vous avez l'impression de connaître le moins bien. Pendant dix minutes, vous devez communiquer avec elle sans utiliser la parole, écrite ou verbale.

Après le silence, échangez avec votre partenaire vos impressions, vos sentiments, sans chercher à traduire en mots ce que vous communiquez par le corps.

Ensuite, décrivez votre partenaire qui, pendant ce temps-là, restera muet et impassible. Écoutez la voix de votre intuition et n'hésitez pas à être affirmatif dans votre description, à donner des détails intimes. Quand vous avez fini, ce sera à votre partenaire d'entreprendre votre portrait, dans les mêmes conditions.

La découverte : osez dire vos intuitions

Toujours en groupe de cinq ou six personnes, vous avez chacun deux minutes pour vous présenter le plus complètement aux autres. Ceux-ci ont cinq minutes pour noter leurs réponses à une check-list qui inclut entre autres :

- votre ouverture aux autres ;

- vos traits dominants de caractère ;
- vos forces et vos faiblesses ;
- les valeurs auxquelles vous tenez dans la vie...

Un bon dessin vaut mieux...

Représentez le problème que vous avez à résoudre par un dessin abstrait, en utilisant au moins une dizaine de couleurs différentes. Ou encore, faites un modelage exprimant votre perception et votre ressenti du problème.

Le mandala

À l'origine, en sanscrit, le mot *mandala* signifie cercle. Sa signification a évolué. Aujourd'hui, on désigne sous le nom de mandala des associations de figures géométriques ayant un centre commun, l'association essentielle étant celle du carré et du cercle.

Au plan symbolique, le mandala est devenu un moyen de connaissance et de réalisation de soi, mobilisant toutes les facultés, tant intellectuelles que corporelles et spirituelles.

Le but poursuivi par la pratique du mandala est de faire connaître les relations apparentes et cachées entre les forces qui animent l'être humain, d'apprendre à maîtriser ces forces, de permettre à l'homme de se réunifier et de se réintégrer dans un univers où il puisse trouver son équilibre. La pratique du mandala relève d'une expérience millénaire, qui atteint les profondeurs de la psyché, par des mondes de connaissance plus intuitifs qu'intellectuels.

Jung a découvert que le fait de dessiner ou de peindre des mandalas, ou d'en voir dans les rêves, était un élément naturel du processus d'individuation. Il encourageait les personnes qu'il analysait à laisser libre cours à leur imagination et à créer spontanément des mandalas, sans avoir à l'esprit de modèle prédéterminé.

En créant un mandala, nous produisons un symbole qui révèle notre propre personnalité à ce moment-là. Le cercle que nous traçons contient et même invite à dévoiler les éléments conflictuels de notre être. Cependant, même quand un conflit fait alors surface, la tension diminue considérablement.

> *« Le mandala appelle l'action du Soi, le modèle sous-jacent d'ordre et d'intégrité, la toile de vie qui est notre support et notre soutien. En dessinant un mandala, nous créons notre propre espace sacré, un lieu de protection, un centre sur lequel concentrer nos énergies. Quand nous exprimons nos conflits intérieurs sous la forme symbolique du mandala, nous les projetons hors de nous-mêmes. Le simple fait de dessiner à l'intérieur d'un cercle peut procurer un sentiment d'unité... Dans le mandala, se côtoient à la fois les motifs hérités du passé commun de l'humanité et les symboles issus de l'expérience personnelle... La production de mandalas est spontanée, naturelle et ceux-ci sont exécutés à peu près de la même manière par tous les enfants, quelle que soit la culture à laquelle ils appartiennent. Il est fascinant de voir que les mandalas dessinés par les enfants de nos jours sont une réplique exacte de ceux qui ont été créés par des êtres humains il y a des milliers d'années[1]. »*

La pratique du mandala

Pour créer votre mandala, il vous faut un matériel simple :

- du papier blanc ou noir suffisamment grand ;
- des pastels gras, des craies de couleurs ;
- des marqueurs de couleurs ou des peintures ;
- une assiette en carton ronde ;
- un carnet de note et un crayon ;
- éventuellement, une règle et un compas.

Au préalable, détendez-vous. Organisez-vous pour ne pas être dérangé : le mieux est de s'isoler.

1. Suzanne Fincher, *La Voie du mandala*, Dangles, 1993.

Une fois détendu, fermez les yeux et commencez à tourner votre regard vers l'intérieur. Des formes, des silhouettes, des couleurs peuvent se présenter à votre esprit. Pour permettre à l'inconscient de s'exprimer, il faut laisser votre intuition guider votre choix de couleurs et de formes.

Rouvrez les yeux et regardez les couleurs que vous avez devant vous. Guidé par votre vision intérieure, choisissez une première couleur avec laquelle vous commencerez votre mandala.

Tracez alors un cercle, soit en vous servant de l'assiette en carton pour vous guider dans sa confection, soit à main levée.

Toujours en y réfléchissant le moins possible, remplissez le cercle de couleurs et de formes. Vous pouvez commencer par le centre ou par le pourtour du cercle : il n'y a pas de bonne ou de mauvaise manière de créer un mandala. Continuez à travailler, à assembler les couleurs jusqu'à ce que vous ayez le sentiment que le mandala est achevé.

Maintenant, regardez votre mandala et méditez sur lui ! C'est votre œuvre et il vous représente.

Recourez alors aux mots : donnez un titre à votre mandala. Laissez les mots venir spontanément à l'esprit et ne faites barrage à aucune suggestion de votre inconscient.

Puis, dressez la liste des couleurs de votre mandala et à chaque couleur, notez les mots, les sentiments, les images ou les souvenirs qui vous viennent à l'esprit quand vous regardez la couleur en question.

Repérez les formes que vous avez créées : croix, étoile, spirale, triangle, arbre, fleur et essayez de les comprendre.

Vous pouvez très bien ne pas intégrer immédiatement le message de votre mandala. Revenez-y régulièrement, regardez-le, méditez sur lui, recommencez à en dessiner un autre et établissez des comparaisons.

Le mandala nous met en contact avec notre sagesse profonde, et nous permet de devenir celui ou celle que nous sommes vraiment destinés à être. Il met en œuvre notre intuition, notre vitalité et nos ressources encore inexplorées.

Toutes ces techniques que nous venons d'étudier ont un but : réduire l'intellect au silence et lorsque l'intellect est réduit au silence, l'intuition produit un état de conscience extraordinaire. On appréhende directement l'environnement sans l'écran de la pensée conceptuelle.

Fritjov Capra, précédemment cité, indique que « cet état de conscience diffère peu de celui d'un guerrier attendant une attaque dans un état d'extrême vigilance, remarquant la moindre chose autour de lui sans être distrait une seconde[1] ».

La pépinière d'idées, le brainstorming

Le brainstorming fut inventé par l'agent publicitaire, Alex Osborn. C'est un puissant outil intuitif et créatif.

Il consiste à laisser chaque personne d'un groupe émettre le maximum d'idées en un temps limité, en donnant libre cours à son imagination et à sa créativité personnelle. Durant cette phase, on ne cherche pas à sélectionner les bonnes idées. De nombreuses idées novatrices sont censées naître ainsi, et cela fonctionne très souvent. On commence toujours par des questions générales : que se passerait-il si tel ou tel événement se produisait ? Le but de ces voyages imaginaires est de briser les schémas comportementaux trop figés, de trouver d'autres solutions que celles dont on a l'habitude, de secouer la poussière, de faire briller les meubles et surtout de faire preuve d'ingéniosité.

L'exercice de la vision

C'est un excellent entraînement à l'intuition tout en étant une source profonde de motivation et d'enrichissement personnel !

Les grandes entreprises développent toutes une vision de ce qu'elles seront dans dix, quinze ou vingt ans. La vision a ceci de spécifique qu'elle inclut et demande la participation de bon nombre d'individus de l'entreprise. Ensemble, ils élaborent non seulement le futur de leur

1. Fritjov Capra, *Le Tao de la physique*, Sand, 1985.

société, mais aussi leur propre futur ! Voici ce qu'en dit Michael Doyle, consultant international basé à San Francisco, dans une interview accordée à Meryem Le Saget en 1992 :

> *« Le visionning est un profond voyage à l'intérieur du cœur et même de l'âme d'une organisation. Il permet d'en révéler le rêve d'une communauté de travail et de l'exprimer sous la forme d'un futur idéal désirable par tous et suffisamment détaillé pour que chacun voie tout de suite comment il peut contribuer concrètement chaque jour à sa réalisation*[1]. »

Ainsi, certaines grandes entreprises ont exprimé leur vision, comme Shiseido qui la définit de la sorte : **« L'art et la Beauté à travers la science.** » Son rapport annuel 1991 présente l'identité de l'entreprise à travers quelques priorités :

- Aider les personnes, partout dans le monde, à s'exprimer ;
- aider les personnes à trouver leur véritable beauté intérieure et extérieure ;
- contribuer au bien-être physique et émotionnel ;
- procurer une palette variée de produits de qualité ;
- jouer un rôle actif dans la vie culturelle et sociale des consommateurs ;
- poursuivre une longue tradition de capacités technologiques supérieures pour explorer de nouvelles frontières scientifiques et créer une nouvelle valeur.

Shiseido appelle cela son *Grand Dessein* et le résume ainsi : « **Découvrir et apporter de la valeur qui ait du sens et créer un style de vie culturellement plus riche.** »

Ce qui est valable pour l'entreprise l'est aussi pour l'individu.

D'abord, une règle élémentaire : une vision ne doit jamais être rétrécie, figée. Vision est synonyme d'espace large, d'étendue vaste et inexplorée ; une petite vision, c'est le comble du paradoxe ! Si vous voulez devenir visionnaire, voyez grand, non pas hypertrophié, mais vraiment grand !

1. Michael Doyle, interview accordée à Meryem le Saget, *Management*, 1998.

Nous allons faire cet exercice sur un plan professionnel, mais vous pouvez tout aussi bien l'appliquer à d'autres domaines de votre vie (sentimental, spirituel, intellectuel, etc.)

Vous allez vous poser trois questions et à chaque question, vous répondrez de façon intuitive puis de façon logique et rationnelle.

- Quelle est la vision que j'ai de moi dans les cinq ans à venir ?
- Pourquoi est-ce que je ne suis pas encore arrivé à concrétiser cette vision ?
- Qu'est-ce que je vais faire dès maintenant pour y arriver ?

Ce genre d'exercice ne se fait pas en une seule fois, il faut y revenir, y réfléchir, écrire de nombreuses pages sur les associations, les idées, les flashs qui viennent à votre conscient. Il est souhaitable de laisser passer du temps, puis de revenir, de se promener, de vaquer à ses occupations, de faire des courses, bref de continuer à vivre, pendant ce temps votre esprit flotte, cherche, rêve, extrait le meilleur de vous, se branche sur votre inconscient, sur vos perspectives, vos talents, vos manques, vos amours, vos enfants. Peu à peu, votre intelligence intuitive travaille, vous traverserez cette période d'incubation et ou de décantation si utile à l'intuition. Un beau jour, vous vous apercevrez que la vision est en vous et que vous pouvez en parler, l'écrire et la décrire.

Conclusion

Où en serions-nous si quelques-uns, plus audacieux que les autres, n'avaient pas suivi ce que certains continuent d'appeler leurs chimères ? Où en serions-nous si tous avaient renoncé à cette voix intérieure qui les appelait, si tous les Bouddhas, les prophètes, les pionniers de la science, les artistes, s'étaient coupés les ailes à l'angle de la raison, de la logique et du mesurable ? Le temps est venu d'oser. Je ne suis pas la première ni la seule à le dire. Cependant, je l'écris et le pense intensément. Le temps est venu d'aimer et de s'aimer, de s'écouter, de prendre en compte notre corps, notre esprit et notre âme, notre environnement, c'est vivre selon une autre forme d'intelligence.

L'intelligence intuitive se met en route lorsque notre être est en parfaite synchronicité avec la question posée, que celle-ci soit consciente ou inconsciente. On ne peut être intuitif sans être authentique, vrai, en accord avec soi-même. Newton ne dit-il pas que « Le hasard sourit à l'esprit préparé » ? Belle pudeur d'un grand scientifique pour ne pas parler d'intuition.

Sénèque nous avait déjà livré le secret de l'homme :

> « *C'est une erreur de vivre selon le mode d'autrui et de faire une chose uniquement parce que d'autres la font. C'est un inestimable bien de s'appartenir à soi-même*[1]. »

1. Sénèque, *Traités, de la tranquillité de l'âme*, Flammarion, 1992.

Ceux qui s'écoutent **trouvent** et **se trouvent** !

Il n'y a pas de plus grand bonheur que de se trouver, de savoir qui l'on est, ce pourquoi l'on est fait et de mettre tout en œuvre pour le réaliser !

De tous les horizons, des êtres humains le vivent et en font témoignage, comme Bernard Moitessier qui, après des mois de navigation solitaire, alors qu'il va arriver gagnant en Europe, décide de mettre le cap à l'est après le cap Horn et de poursuivre sa route, refusant gloire et argent, mais se sentant enfin lui-même :

> « *Je crois que notre fonction à tous est de participer à la création du monde. Chacun selon sa propre surface de voilure, son tirant d'eau, son tonnage, son aptitude à remonter le vent, à tenir la cape ou encaisser le poids des déferlantes aux allures portantes. Et je crois dans le fond de mon être que nul ne peut enfreindre cette loi sans se couper de l'espèce humaine. J'en avais pris conscience au cours de ces dix mois passés en compagnie des vagues, décodant des messages diffus apportés par le vent qui les avait reçus du ciel. Ces voix devenues intuition avaient balisé mon chemin, me faisant tourner le dos à l'écurie où attendait la bonne avoine préparée par le Dragon*[1]. »

Vivre c'est être. Ce n'est ni s'agiter, ni se tenir au calme. C'est, chaque jour, faire ce qu'il y a à faire, le mieux possible dans un esprit positif et lucide.

Vivre en sachant que tout peut s'arrêter d'un moment à l'autre, parce que la vie nous est donnée et reprise sans que nous ayons à donner notre avis. Le mieux à faire, c'est se donner au présent, même s'il ne fait que nous glisser entre les doigts comme le sable de la plage. J'ai eu très tôt l'intuition de l'impermanence de toutes choses. Tout vit, tout change et se transforme, tout naît et tout meurt. J'ai coutume de dire que pour vivre, pour aimer, il n'est pas possible de prendre d'assurance tout risque. Il s'agit de se lancer, de désirer, de s'impliquer, de s'enga-

1. Bernard Moitessier, *Tamata et l'Alliance*, Arthaud.

ger. Le questionnement existentiel est le même pour tous : l'amour, la vie, la mort, notre rôle sur terre, y a-t-il autre chose après la mort ? Que pouvons-nous faire pour changer le monde ?

C'est à chacun de donner des réponses qui évolueront avec les événements de sa vie, se modifieront, s'affineront, pour se construire et construire le monde autrement. Certains auront besoin de vivre en solitaire, et d'autres devront affronter le monde pour y trouver son harmonie, son ordre naturel malgré les guerres, les souffrances, les violences qu'il comporte.

J'ai eu des moments très durs, comme tout le monde, c'est mon intelligence intuitive qui m'a toujours préservée, qui est devenue au fil des ans l'espérance. Il y a toujours la lumière au bout du tunnel, le soleil se lève tous les matins pour tout le monde et tous les jours, nous créons du positif si nous le voulons, la joie et l'amour. J'ai toujours refusé la tristesse, je l'ai bannie de mes jours et de mes nuits.

Il est simple d'écouter son intuition. Asseyez-vous sur un banc, un fauteuil, une chaise, ou allongez-vous tranquillement, puis écoutez-vous sincèrement, loyalement, ne bloquez pas les mots qui viennent, laissez-vous parler si vous avez envie de vous exprimer à haute voix, faites-le.

Écoutez ce qui vient de l'intérieur, chassez le doute et bannissez la peur, vous saurez alors ce que votre être intérieur vous dit. Prenez-le en compte, réfléchissez-y, recommencez l'expérience lorsque vous en ressentirez le besoin, et suivez votre désir profond, vous n'y trouverez que paix intérieure et surtout satisfaction de vous être écoutée et d'avoir suivi votre vérité à vous et non pas tous les bons conseils donnés par les amis, la famille, le toubib, et que sais-je encore ?

L'intuition prend sa source dans le silence intérieur. Alors, se développe l'*attention*, l'extrême attention à soi-même. Il n'est plus nécessaire de passer par l'intellect, on suit cette perception *via* l'inconscient, et on sait pour chaque situation qui se présente, ce qu'il est bon et juste de faire ! Soyez authentique, vrai, juste, en accord et en harmonie avec vous-même, et vous aurez gagné ! Vous aurez gagné la Joie, la merveilleuse Joie qui ne quitte plus celui qui se sent relié à l'univers.

Alors, vivez votre intuition au quotidien, dans les petites choses de la vie et ouvrez une vision grand angle pour votre cœur : votre vie est à la mesure de vos rêves, de vos intuitions, de vos certitudes intimes. Faites tout pour y arriver ! Au bout du compte, vous vous sentirez libre, heureux et direz, sans fausse honte et sans pudeur aucune, comme Alexandra David-Neel ou l'abbé Pierre : « Je suis égoïste ! » Vous direz aussi comme le pasteur Martin Luther King : « *I have a dream* ! » (J'ai un rêve…), rêve de fraternité et d'amour entre tous les hommes quelle que soit la couleur de leur peau ! Vous aussi ayez un rêve ; un grand rêve, simple et beau, un rêve de vie, et travaillez à sa réalisation sans vous préoccuper des autres, avec acharnement, conviction et ferveur.
Vivez comme parlent les mots de votre cœur !

Soyez généreux avec vous-même, avec la vie, soyez toujours plus proche de ce que vous ressentez en vous de sage, de fort et de beau.

Bibliographie

Bachelard Gaston, *L'Eau et les rêves*, LGF, 2007.

Bachelard Gaston, *La Psychanalyse du feu,* Gallimard, 1985.

Bergson Henri, *L'Évolution créatrice*, PUF, 2007.

Berteaux Raoul, *La Symbolique des nombres*, Edimaf, 1984.

Buzan Tony, *Mind map : dessine-moi l'intelligence*, Édition d'Organisation, 2003.

Capra Fritjov, *Le Tao de la physique*, Sand, 2004.

Chalvin Dominique, *L'Affirmation de soi*, ESF Éditeur, 2007.

Chalvin Dominique, *Utiliser tout son cerveau*, ESF Éditeur, 1991.

Chevalier Jean, *Le Dictionnaire des symboles*, Robert Laffont, 2000.

Costa de Beauregard Olivier, *Le Temps des physiciens : la notion de temps, le second principe de la science et du temps*, Aubin, 1996.

Costa de Beauregard Olivier, *Le Temps déployé*, Éditions du Rocher, 1988.

Deshimaru Taisen, *Le Bol et le Bâton*, Albin Michel, 1986.

Dürckheim K. G., *Le Centre de l'être*, Albin Michel, 1992.

Eccles John, *Évolution du cerveau et Création de la conscience*, Flammarion, 1994.

Einstein Albert, *Comment je vois le monde*, Flammarion, 1989.

Eliade Mirdea, *Le Sacré et le Profane*, Gallimard, 1988.

Fincher Susanne, *La Voie du mandala*, Dangles, 1993.

Fluchaire Pierre, *La Révolution du rêve*, Dangles, 1991.

Fluchaire Pierre, *La Révolution du sommeil*, Robert Laffont, 2001.

Frazer J. G., *Le Rameau d'or*, Robert Laffont, 1998.

Gendlin Eugène, *Focusing*, Éditions de l'Homme, 2006.

Giffard Michel, *Le Tarot outil de management*, Artulen, 1990.

Hay Louise L., *Transformez votre vie*, Marabout, 2007.

Jaoui Hubert, *La Créativité mode d'emploi*, ESF Éditeur, 1990.

Jouvet Michel, *Le Sommeil et le Rêve*, Odile Jacob, 2000.

Jung Carl Gustav, *Commentaire sur le Mystère de la Fleur d'or*, Albin Michel, 1994.

Jung Carl Gustav, *L'Homme à la découverte de son âme*, Albin Michel, 1987.

Jung Carl Gustav, *Synchronicité et Paracelsica*, Albin Michel, 1988.

Jung Carl Gustav, *L'Homme et ses symboles*, Robert Laffont, 1967.

Koestenbaum Peter, *Socrate et le Business*, InterÉditions, 1989.

Krishnamurti Jiddu, *La Révolution du silence*, Stock, 1978.

Krishnamurti Jiddu, *Se libérer du connu*, LGF, 2007.

Kübler Ross E, *La Mort dernière étape de la croissance*, Pocket, 2002.

Kübler Ross E, *La Mort est un nouveau soleil*, Pocket, 2002.

Le Saget Meryem, *Le Manager Intuitif*, Dunod, 2006.

Maslow Abraham, *Vers une psychologie de l'être*, Fayard, 1972.

Mintzberg Henry, *Le Management, voyage au centre des Organisations*, Éditions d'Organisation, 2004.

Montaigne, *Essais*, Garnier Flammarion, 2008.

Peters Tom, *Le Chaos management*, InterÉditions, 1988.

Rogers Carl, *Le Développement de la personne*, InterÉditions, 2005.

Rose Dennis, *Zen Management*, Dangles, 1992.

Roux Ambroise, *La Science et les pouvoirs psychiques de l'homme*, Sand, 1986.

Rowan Roy, *Intuition et Management*, Rivages, 1987.

Ruchpaul Eva, *Le Hatha Yoga*, Denoël, 1985.

Saint-Exupéry, *Le Petit Prince*, Gallimard, 2007.

Sheldrake Rupert, *L'Âme de la nature*, Albin Michel, 2001.

Sheldrake Rupert, *La Mémoire de l'univers*, Éditions du Rocher, 1994.

Sheldrake Rupert, *Une nouvelle science de la vie*, Éditions du Rocher, 2003.

Sri Aurobindo, *La Vie divine*, Albin Michel, 1992.

Sperry R. W., *Science and Moral Priority*, New York : Columbia University Press, 1983.

Teilhard de Chardin Pierre, *Le Phénomène humain*, Points, 2007.

Watzlawick Paul, *Faites vous-même votre malheur*, Seuil, 1990.

Watzlawick Paul, *Le Langage du changement*, Seuil, 1986.

Wonder Jacquelyn et Donovan Priscilla, *Utilisez les pouvoirs de votre cerveau*, Éditions du Rocher, 1990.

Table des matières

Dans le cadre de sa politique développement durable,
Jouve initie en 2007 une démarche visant à la certification ISO 14001.
Cet ouvrage est imprimé sur papiers Amber Graphic des papeteries Arctic Paper pour l'intérieur et Ensocoat des papeteries Stora Enso pour la couverture. Ces papiers sont fabriqués sur des sites papetiers certifiés ISO 14001 et enregistrés EMAS à partir de fibres d'origine de forêts gérées de manière durable.

Imprimé en France. - JOUVE, 11, bd de Sébastopol, 75001 PARIS
N° 474224X. - Dépôt légal : Janvier 2009